KB044309

相生의 땅

가야산

相生의 땅
가야산

| 매일신문 가야산 특별취재팀 지음 |

깊은솔

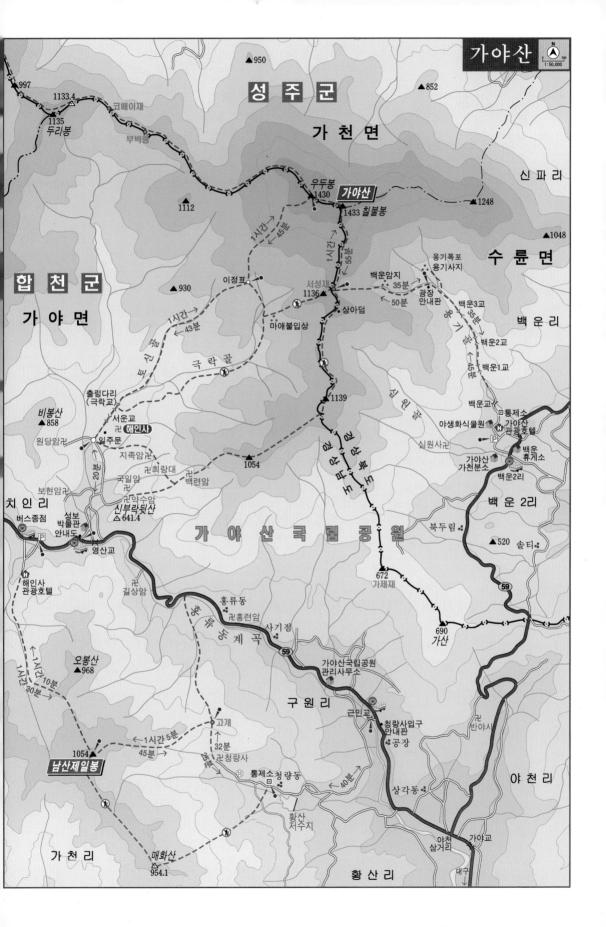

•••이 세상에 인연因緣이란 끈으로 연결되지 않은 것이 어디 있겠습니까? 사람과 사람, 사람과 자연이 서로 인연의 끈을 맺으며 살아가고 있지요. 길거리에 오고가는 사람끼리 옷깃만 스쳐도 인연이고, 발에 채이는 돌부리 하나도 인연입니다. 이 순간 호흡하는 공기 역시 우리와 인연의 끈을 맺고 있습니다. 사소한 인연 하나라도 고맙고 소중하게 받아들일 일입니다. 그리고 악연惡緣보다는 선연善緣을 많이 맺어야 할 것입니다.

'상생의 땅 가야산'과의 인연은 운명처럼 다가왔습니다. 처음에는 가야산을 주제로 한 작은 사진 전시회로 기획됐다가 성주군과 경북도의 적극적인 참여로 매일신문 창간 61주년을 기념하는 대규모 시리즈로 그 규모가 커졌지요.

그후 이 시리즈를 취재하기 위한 특별취재팀이 꾸려지기까지는 크고 작은 우여곡절이 있었습니다. 2007년 7월 6일 창간 61주년 기념호에 '상생의 땅 가야산' 첫 번째 기사가 나가기 한달전에야 본격적인 취재가 시작됐지요. 이른 더위로 해발 1천433m나 되는 가야산을 오르내리는 일은 정말로 힘든 일이었습니다. 1년 동안 가야산과 성주 등지로 출장을 간 것이 100여 차례를 넘었고 취재를 위해 만난 사람도 그와 엇비슷했지요.

이렇게 해서 2007년 7월부터 2008년 6월까지 일년 동안 주 1회씩 모두 50회에 걸쳐 매일신문에 '상생의 땅 가야산' 이란 제목으로 연재가 됐습니다. 가야산 시리즈가 신문에 연재되는 동안 독자들의 반응은 뜨거웠지요. 격려의 말씀은 물론 어떤 부분이 잘못됐다거나 미흡하다는 말씀도 잇따랐습니다. 매일실문 인터넷 홈페이지에 '상생의 땅 가야산' 클릭 건수가 무려 10만건에 육박할 정도였지요.

'상생의 땅 가야산' 은 가야산에 대한 미시적微視的 접근보다는 거시적巨視的 접근에 주안점을 뒀습니다. 안타깝게도 대구경북 사람들에게 그다지 많이 알려지지 않은 가야산을 미주알고주알 얘기해서는 흥미와 집중도를 떨어뜨릴 것으로 판단한 것이지요. 하지만 거시적 접근을 하되 현장을 일일이 답사하고, 옛 기록을 두루 살피는 등 나름대로 철저한 취재를 하려 노력했다고 말씀을 드리고 싶습니다. 물론 그 성과에 대한 판단은 독자 여러분들의 몫이지요.

특히 '상생의 땅 가야산' 은 가야산에 대한 자연·생태적 고찰과 더불어 가야산을 무대로 피어난 불교와 유교 문화, 풍수지리 등 민간 신앙, 역사 속으로 사라진 시장과 산길 등 인문지리적 고찰에도 커다란 노력을 기울였습니다. 앞으로 10년, 20년 뒤면 아무도 기억하지 못할 수도 있는 추억과 역사의 끝자락을 기록했다는 데서 의미가 있다고 생각합니다.

이 책을 읽으시는 독자 여러분들에게 가장 드리고 싶은 말씀은 '상생相生'이란 두 글자입니다. 유교와 불교, 풍수지리 등 민간신앙이 서로 융화를 이루고 사람과 사람, 사람과 자연이 한데 어우러지는 가야산에서 저희 특별취재팀은 상생이란 화두를 끄집어냈습니다. 더불어 이 세상에 상극相剋의 모습들이 사라지고 서로 더불어 사는 상생의 덕이 가득하기를 바라는 간절한 마음에서 상생을 앞에 내세운 것이지요. 미흡한 점이 많지만 독자 여러분들께서 이 책을 통해 상생의 마음을 많이 느끼시기를 빕니다.

1년 동안 100차례가 넘는 가야산 등산과 성주, 합천, 거창 등 주변 지역에 대한 출장에서 별다른 사고가 없었던 것은 가야산 여신인 '정견모주'의 보살핌이었다고 믿습니다. 또 미흡한 것이 많았지만 가야산의 실체 가운데 일부라도 독자들에게 전달할 수 있었던 데에는 많은 분들의 도움이 큰 힘이 됐지요. 가야산과 성주의 역사를 꼼꼼하게 연구한 제수천 전 성주문화원장을 비롯한 수많은 분들이 음과 양으로 도움을 주셨지요. 묻혀 가는 가야산과 그 주변 지역의 생태와 환경, 역사, 이야기들이 지면에 소개될 수 있었던 것은 모두 이분들의 공입니다. '향토사에 대한 새로운 조명과 복원'이란 측면에서 '상생의 땅 가야산'은 나름의 의미가 있다고 자부해 봅니다. 이용길 사장님을 비롯한 매일신문 임직원들의 적극적인 지원과 성원도 취재에 큰 힘이 되었음을 밝혀드립니다.

짧지 않은 기간 동안 가야산과 그 주변 지역을 취재하면서 우여곡절도 많았습니다. 높은 곳에서 떨어져 다리를 삐기도 하고 삭정이에 다리를 찔려 피를 흘린 적도 있었지요. 무더위가 기승을 부리는 여름에, 또는 눈보라가 몰아치는 겨울에 4~5시간씩 등산을 하는 일도 힘이 들었습니다. 가야산 일출을 촬영하기 위해 캄캄한 등산로를 올라가는 것은 정말 무서웠지요. 좋은 사진 한 장을 얻기 위해 같은 곳을 수차례 오르는 일도 다반사였지요. 지금은 그 모두가 가슴 속에 묻어둔 아름다운 추억이 되었습니다.

가야산에 대한 취재를 하면서 상아덤을 비롯한 여러 곳의 지명이 역사성도 없이 엉뚱하게 표기된 것을 보고 안타까운 마음이 들었습니다. 또 가야산 최고봉에 대한 제대로 된 '대접' 등 고쳐야할 것도 적지 않더군요. 그리고 아름다운 가야산을 많은 사람들이 보고, 느낄 수 있도록 개방되지 않은 등산로의 문도 활짝 열려야 합니다. '상생의 땅 가야산' 이 이 같은 일이 이뤄지는 작은 단초가 되기를 바랍니다.

끝으로 상생의 덕이 가득한 가야산에 대한 다방면에 걸친 더 많은 연구와 고찰, 정부 및 지방자치단체의 정책적 노력과 지원, 대구경북 사람들은 물론 대한민국 국민 모두의 가야산에 대한 뜨거운 관심과 애정을 부탁드립니다.

2008년 8월15일
매일신문 가야산 특별취재팀

차 례 • • •

제5부

불교의 성지 가야산

제6부

효와 의, 지조와 절개의 땅

제7부
사라진 것들에 대한 아쉬움

에필로그

가야산을 오르며
―화합의 산문 활짝 열리다

• • • 인간에게 산山은 무엇인가? 서양인에게 산은 신神을 만
나는 통로 역할을 했다. 그리스인들은 높다란 언덕에 신전을 지었고, 기독
교인들은 높은 산에 올라 하나님을 만났다.

　그와 달리 동양인에게는 산 자체가 숭배 대상이었다. 특히 우리 민족에
게 산은 아름다움의 대상만이 아닌 신성한 존재였다. 산지가 3분의 2나 되
는 지리적 환경 때문이었으리라. 여기에 모든 것에 신이 깃들어 있다는
'신령神靈사상' 덕분에 산은 오래전부터 신령스런 존재로 받들어졌다.

'화합의 여신'

　산에 대한 사람들의 신령스런 생각이 구체화된 것이 바로 산신山神. 큰

넉넉한 품으로 다양한 사람들을 껴안아주고, 종교, 신앙 간 융합을 이루게 한 가야산에서 우리는 더불어 사는 법을
배울 수 있다.

산은 물론 작은 산에도 각양각색의
산신들이 있다. 국토의 근간인 백두
대간에서 동쪽으로 살짝 비껴나 우뚝
솟은 가야산伽倻山. 영산靈山이란 수식
어에 걸맞게 이곳에도 산신이 살고
있다. 가야산처럼 높고 성스런 기품
과 아름다운 용모를 지닌 '정견모주
正見母主'란 여신이다.

아득한 옛날 하늘신 '이비하'와 감
응한 가야산 여신 정견모주는 두 아

들을 낳았다. 대가야를 연 이진아시왕과 금관가야 시조인 수로왕이다. 비현실적으로 느껴질 수도 있는 전설에 우리가 새삼 주목하는 이유는 산신과 천신의 '감응'으로 새 나라를 연 인물들이 태어났다는 데 있다. 하늘을 숭배한 부족, 곰을 경건하게 받든 부족 간 연합으로 고조선이 세워진 것처럼, 대가야와 금관가야도 하늘과 가야산을 신성하게 받든 부족들의 '화합'으로 나라를 열었다. 새 나라, 새 세상을 만드는 데 신성한 땅, 가야산이 터가 됐음은 물론이다.

불(佛)·유(儒)·선(仙), '공존의 땅'

어떤 종교나 사상, 주의主義가 우리나라에 들어오면 그 본류보다 오히려 격激해지는 습성이 있다. 호리병처럼 생긴 반도半島 특유의 기질 때문으로 분석하는 사람들도 있다. 그 이유가 무엇이든, 이 같은 흐름은 적잖은 폐해를 낳았다. 생각하는 바가 다르고, 정치적 성향이 다르고 학문과 종교, 신념이 다르다는 이유만으로 티격태격한 게 부인하기 힘든 현실이다.

화합의 힘으로 새 세상을 연 가야산. 그 넉넉한 산세와 후덕한 기품으로 불교와 유교는 물론 풍수지리, 산악·무속신앙의 성지聖地 역할을 톡톡히 하고 있다. 나아가 불교와 유교, 풍수지리 사이에 서로 교류하고, 융합하는 흐름을 가야산은 생생하게 보여주고 있다. 그래서 가야산은 화합의 산, 상생相生의 산으로 일컬어진다.

아픔을 승화시켜 주는 산!

가야산 하면 가장 먼저 떠오르는 인물이 신라 말 학자인 고운 최치원孤雲崔致遠. 세상사에 좌절한 그를 가야산은 넉넉한 품으로 안아줬다. 대가야의 마지막 태자인 월광과 신라 마지막 왕인 경순왕의 둘째 아들 김황. 망국의 아픔을 지닌 두 사람에게도 가야산은 안식처가 됐다. 가야산에 몸과 마음을 기댄 사람들은 이들뿐만 아니다. 유학자와 문인들에게 가야산은 유람과 풍류의 이상향으로 여겨졌다. 비단 유람의 장소에 국한되지 않았다. "높은 곳에 오르는 뜻은 마음 넓히기를 힘씀이지 안계(眼界 · 시야) 넓히기를 위함이 아니다"는 한강寒岡 정구鄭逑의 말처럼 그들은 가야산에서 자연의 섭리를 깨닫고, 세상의 이치를 터득한 것이다.

상생의 법을 찾아서

시끄러운 세상이 더욱 시끄러워지고 있다. 사람들의 마음이 메말라서인지 세상사가 혼탁스러워지고, 살벌하기까지하다. 인구에 회자됐던 상생이란 말이 이 세상에서 실현되기는커녕 서로를 해害하지 못해 안달하는 모습들이다. 상극相剋 세상이란 탄식마저 나오고 있다. 정녕 상생은 요원한 것인가?

그 땅의 덕이 해동에서 제일이라는 가야산. 넉넉한 가야산은 산을 찾은 이들에게 함께 사는 법을 가르쳐줬고, 선인先人들은 그 상생의 법에 따라 세상을 바라보고, 진솔한 삶을 살았다. 오늘 우리가 가야산에 오르는 것도 가야산의 절경에 취하기 위해서만이 아니다. 화합의 산 가야산에서 더불어 사는 세상을 여는 법法을 배우기 위해서다.

가야산 지킴이

제수천 전 성주문화원장

"영산인 가야산에서 우리는 남을 이해하고 포용하고, 도와주는 마음을 배워야 합니다." 수십 년 동안 현장 답사와 고문서 연구를 통해 가야산과 성주의 역사를 제대로 기록하는데 매진해온 제수천(73·성주군 수륜면·사진) 전 성주문화원 원장. 그는 "가야산은 삼재(三災·수재 화재 풍재)가 들지 않는 천하의 명산"이라며 "6·25 당시에도 서로 죽고 죽이는 상극의 모습이 가야산에서는 없었다"고 강조했다. 가야산 자락에 사는 사람들의 인심이 유달리 후덕한 것도 모두 땅의 덕德이 해동에서 제일이라는 가야산 덕분이라는 게 제 전 원장의 얘기다.

제 전 원장은 가야산과 성주에 대한 연구 결과를 모아 '성주마을지' '성주의 맥' 등 많은 책을 펴냈다. 가야산과 성주를 자신의 손바닥 들여다보듯이 훤하게 알 정도다. 고희가 넘었지만 요즘도 가야산과 성주에 대한 연구의 끈을 놓지 않고 있다. 영험한 산 가야산을 전국에 알리고, 사람들이 많이 찾도록 해 성주를 대표하는 브랜드로 만드는 데 힘을 쏟아야 한다는 게 제 전 원장의 지론. "옛 사람들은 세상이 어지러울 때나 삶이 힘들 때 가야산을 찾았다"며 "요즘 사람들도 신의 축복을 받은 가야산에서 웰빙은 물론 삶의 이치를 깨닫기를 바란다"고 얘기했다.

제1부

'석화성의 절정'
가야산 봉우리들

하늘에서 본 가야산

• • • "투- 투- 투- 투-." 대구 동구 K2 안에 있는 경북도소방항
공대(대장 김창한) 소속 AS365N3 헬리콥터가 굉음을 내며 파란 하늘로 솟아
오른다. '도편'이란 애칭을 가진 헬리콥터는 대구를 감싸며 흐르는 금호강을
굽어보면서 가야산으로 향한다.

가까운 산!

시속 200km의 빠른 속도로 달린지 15분 만에 영산靈山 가야산이 눈앞에
나타난다. 승용차로 1시간 이상 걸리는 거리를 헬리콥터는 한달음에 달려
온 것. 대구 사람들에게 가야산은 멀게 느껴지기도 하지만 헬리콥터를 타
고 달려간 가야산은 지척(咫尺 · 아주 가까운 거리)에 있었다. 며칠 만에 보는

화창한 날씨여서 가야산의 아름다운 모습이 손에 잡힐 것처럼 선명하게 다가온다.

가야산 동쪽 백운동 위를 나르던 헬리콥터가 곧장 가야산 정상인 칠불봉(七佛峰·1,433m)으로 기수를 돌린다. 날카로운 바위들이 하늘 향해 쭉쭉 솟은 칠불봉은 절로 탄성을 자아내게 만든다. 힘겹게 정상에 오른 등산객들이 헬리콥터를 향해 손짓하는 모습이 정겹게 다가온다. 칠불봉에서 남서쪽으로 250m가량 떨어진 우두봉牛頭峰에서는 강인한 힘이 느껴진다. 이름 그대로 소의 머리를 닮았다.

조선 숙종 때 지리학자인 이중환李重煥은 '택리지擇里志'에서 가야산을 석화성石火星의 절정이라 일컬었다. 날카로운 바위들이 늘어선 정상부의 모양

헬리콥터에서 바라본 가야산 정상 칠불봉과 그 옆 우두봉. 불꽃 모양을 한 칠불봉과 소머리 모양의 우두봉이 절묘하게 조화를 이룬다.

가야산 암봉들과 능선들이 저마다 아름다움을 뽐내며 자연의 교향악을 선사하고 있다.

새가 흡사 불꽃이 공중으로 솟는 듯하다고 해서 석화성이라 했다. 뾰족한 바위를 불꽃으로 표현한 것이 시인의 상상력에 버금간다는 생각이 들었다.

아! 만물상

헬리콥터에서 우두봉을 내려다보며 이중섭의 작품 '흰소'가 머리에 떠올랐다. 그가 그린 흰소에서 우리는 우직스런 인내와 강인함을 실감할 수 있다. 소의 머리란 이름을 가진 우두봉에서도 같은 느낌을 받는다. 인간의 작품인 '흰소', 자연의 작품인 '우두봉'은 끈기와 강인함을 지닌 우리 민족을 형상화했다는 점에서 일맥상통하고 있는 것이다. 소는 가축을 넘어

한민족과 함께 생사고락을 같이한 상징적 존재 가운데 하나다. 그렇기에 가야산 우두봉에 이중섭의 '흰소'가 오버랩되는 것은 너무나 자연스런 것이란 결론을 내렸다.

잠시 상념에 잠긴 사이 헬리콥터는 가야산 절경의 백미로 손꼽히는 만물상 위를 선회하고 있다. 만물상의 남서쪽인 상아덤과 동북쪽인 백운대에서 보는 모습과는 또 다른 맛을 안겨준다. 저마다 특색있는 모양을 지닌 바위들과 녹음을 자랑하는 나무들이 한데 어울려 자연의 교향악을 선보인다. '아!' 하는 탄성이 절로 나온다. 땅에서 본 만물상이 단아한 여성의 모습이라면 하늘에서 내려다본 만물상은 화려하게 치장한 여성의 모습이랄까? 봉오리를 터뜨리는 꽃처럼 만물상은 시선을 주는 곳마다 아름다운 풍경을 선사한다.

만물상의 아름다움은 독주獨奏가 아닌 삼중주三重奏여서 더욱 아름답게 다가온다. 백운동 상공에서 가야산 정상인 칠불봉을 봤을 때 가운데 자리잡은 만물상, 왼쪽의 상아덤~돈봉 능선, 오른쪽의 동성봉~바래봉 능선이 한데 어울려 아름다움의 파노라마를 한꺼번에 펼쳐내는 것이다. 하나가 아닌 둘, 나아가 셋이 어울리고 화합했을 때 더욱 아름답고 가치가 있다는 진리를 만물상과 그 주변 봉우리들은 침묵으로 가르쳐주고 있다.

천변만화하는 산!

남서쪽으로 기수를 돌리자 해인사와 홍제암이 손에 잡힐듯 다가온다.

녹음에 둘러싸인 사찰과 암자들의 모습이 무척이나 평화롭다. 하안거에 들어가 수행에 몰두하고 있을 스님들의 모습이 머리에 그려진다. 해인사를 지난 헬리콥터는 어느새 남산제일봉을 선회하고 있다. 뾰족하게 솟은 바위들과 정상으로 향하는 길에 놓인 철계단이 한눈에 들어온다.

다시 북으로 기수를 돌린 헬리콥터는 정상인 칠불봉을 넘어 가야산 북쪽 가천으로 향했다. 이곳에서 바라보는 가야산은 백운동과는 또 다른 멋을 안겨준다. 백운동 일대가 바위와 숲이 펼쳐내는 강인한 아름다움이라면 북쪽은 계곡과 울창한 숲이 어우러진 부드러운 미를 갖고 있다. 40여 분간의 비행을 마치고 돌아오는 길, 김성중 기장은 "하늘에서 본 가야산은 대한민국 다른 어느 산보다 아름답다"며 감탄했다. 그의 말에 100% 공감한, 가야산의 아름다움에 흠뻑 취한 잊을 수 없는 하늘여행 길이었다.

가야산 지킴이
서봉래 전 가야산 국립공원 관리사무소 백운분소 소장

가야산 국립공원 관리사무소 백운분소 소장을 지낸 서봉래(64·성주군 수륜면·사진) 씨에게 가야산은 '인생 친구'와 같은 존재다. 가야산 자락인 백운동에서 태어나 걸음마를 시작할 때부터 가야산에 올랐고, 매일 가야산을 오르내리는 국립공원 관리사무소에서 30년 이상 근무했다. 가야산과 함께 한 세월이 50년을 훌쩍 넘는다.

잘 정비된 등산로마다 그의 땀방울이 배어 있고, 사비를 들여 단풍나무를 직접 심는 등 가야산에 대한 그의 사랑은 뜨겁고 애틋하기까지 하다. 기기묘묘한 바위에 이름을 붙인 작명가 역할도 했다. 그는 가야산에서 제일 가는 곳으로 백운동 만물상을 꼽았다. "가야산에는 만물상을 비롯해 개방되지 않은 아름다운 곳들이 정말 많아요. 많은 사람들이 가야산의 진면목을 볼 수 있도록 등산로 개방 등 조치가 하루빨리 이뤄져야 합니다." 요즘도 가야산에 자주 오르는 그는 "우리 산의 아름다움을 느끼고 싶은 분들은 물론 질시와 다툼으로 삶이 고단하거나 편안한 휴식을 찾고 싶은 분들이라면 가야산에 오르면 금상첨화일 것"이라고 강조했다.

백운동에서 칠불봉 오르는 길
—변화무쌍 비경 구름속 숨바꼭질

● ● ● 가야산을 일러 옛 사람들은 '산형山形은 천하에 절승絶勝 하다'고 했다. 산의 모습이 '매우 뛰어나다'는 얘기다. 또 우리나라 12대 명산의 하나로 꼽기도 했다. 모두가 가야산을 찬미한 것이다.

사람은 겪어봐야 안다고 한 것처럼 산도 한발 한발 올라봐야 그 실체를 제대로 알 수 있다. 가야산에서 현재 산행이 가능한 등산로는 성주군 수륜면 백운동에서 용기골을 거쳐 서성재~칠불봉~우두봉에 오르는 코스다. 또 합천

용기골 등산로 돌탑

26

칠불봉 정상에 오른 등산객들

해인사를 기점으로 극락골~봉천대~우두봉~칠불봉에 오르기도 한다. 미개방 코스가 많아 아쉽지만 이 등산로를 밟아보더라도 가야산의 아름다움을 실감하는 데엔 부족함이 없다.

흰구름(白雲) 속으로!

가야산 등산객 중 70% 이상이 백운동을 산행 출발점으로 잡는다. 백운동에서 칠불봉과 우두봉에 오른 후 해인사쪽으로 하산하는 것. 백운동에서 오르면 만물상 등 빼어난 경관을 볼 수 있어 이 코스를 선호한다. 경사가 다소 가파른 백운동쪽에서 정상에 오른 후 상대적으로 완만한 해인사쪽으

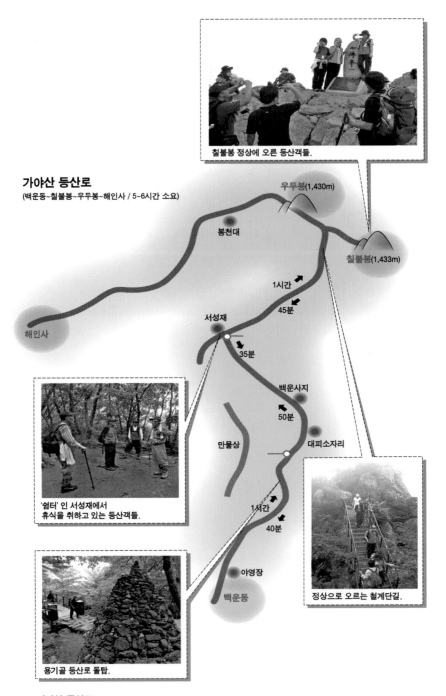

칠불봉 정상에 오른 등산객들.

가야산 등산로

(백운동~칠불봉~우두봉~해인사 / 5~6시간 소요)

우두봉(1,430m)

칠불봉(1,433m)

봉천대

해인사

1시간

45분

서성재

35분

백운사지

50분

만물상

대피소자리

1시간

40분

아영장

백운동

'쉼터' 인 서성재에서 휴식을 취하고 있는 등산객들.

정상으로 오르는 철계단길.

용기골 등산로 돌탑.

가야산 등산로

로 내려가는 것이 산행이 편하다는 이유도 있다.

백운동은 동성재 능선에 있는 백운대白雲臺에서 유래됐다. 넓적한 바위가 인상적인 백운대는 옛날 도인들이 가부좌하며 수행하던 곳. 그렇기에 산행을 시작하는 장소가 백운동이란 것이 의미심장하게 다가온다. 가야산에 오르기 전 선인先人들처럼 마음을 깨끗하게 비워야겠다는 생각이 든다.

용(龍)이 일어난 골짜기!

백운동에 북서쪽을 바라보면 불꽃처럼 타오르는 바위 봉우리들이 한눈에 들어온다. 그 바위줄기를 깊숙하게 파고든 계곡이 용기龍起골. 용이 일어난 골짜기란 말에 쉽게 수긍이 간다. 용이 아니고선 단단한 바위를 파고들지 못했으리라.

가야산관광호텔 앞을 지나 백운교를 건너자 야영장이 나온다. 야영장을 오른쪽에 두고 용기골을 따라오르면서 본격적인 산행이 시작된다. 장마로 계곡에 물이 많이 불었다. 곳곳에 폭포가 만들어졌고, 물소리가 우렁차게 계곡을 울린다. 바위산이어서 골에 물이 많지 않은 것만 보다가 수량이 풍부한 모습에 반가운 마음이 들었다. 계곡 물에 손을 담그니 차가운 기운에 머리가 맑아진다.

왼쪽으로 만물상, 오른쪽으로 동성재 능선을 올려보며 등산로를 걷는 재미가 쏠쏠하다. 울창한 나무들로 짙은 그늘이 드리워진 등산로를 걸으니 더위가 저만치 달아난다. 바위를 깔아놓아 만든 등산로는 걷기에 편안하다. 계곡을 따라 오르는 등산로여서 눈과 귀도 즐겁다. 1, 2, 3, 4와 같은 일련번호가 붙은 백운교를 건너며 우람한 바위들과 그 사이를 흐르는 맑은 물을 바라보니 가파른 길도 쉽게 오를 수 있다. 등산객들과 주민들이 정성들여 쌓은 돌탑도 구경거리다. 백운동에서 1.6km 거리에 있는 옛 대피소를 지나자 길이 조금 더 가팔라진다. 백운사지를 거쳐 출발한 지 1시간 20여분 만에 서성재에 올랐다.

쉼터! 서성재

해발 1천100m가 넘는 서성재는 가야산 등산로에서 '교차로'에 해당하는 곳. 북쪽으로 가면 가야산 정상인 칠불봉에 오르게 되고, 남쪽으로 200m 정도를 가면 상아덤에 닿을 수 있다. 동쪽으로는 백운동, 서쪽으로는 해인사가 있다. 하지만 상아덤과 해인사쪽은 등산로가 막혀 있다. 가파른 길을 땀 흘리며 올라온 등산객들도 서성재에서 잠시 숨을 돌린다. 쉼터가 널찍하게 닦여 있고, 의자도 있어 휴식을 취하기엔 그만이다. 서성재란 이름은 가야산을 따라 축성된 가야산성伽倻山城에서

'쉼터'인 서성재에서 휴식을 취하고 있는 등산객들

왔다. 칠불봉을 중심으로 성의 동쪽 고개를 동성재, 서쪽 고개를 서성재로
부르게 됐다는 것이다.

하늘로 오르는 철계단!

　서성재를 출발, 수십여m를 올라가니 가야산성이 모습을 드러낸다. 산
등성이를 따라 돌무더기들이 쌓여 있다. 가파른 길을 20여 분 더 올라가자
경사가 50도가 넘는 철계단길이 나타난다. 철계단을 오르는 사이 가야산
은 변화무쌍한 모습으로 감탄성을 자아내게 만든다. 기암괴봉과 절벽들도
일품이지만 바위에 매달려 살고 있는 나무들에서 강인한 생명력을 느낄
수 있다. 잠시 숨을 돌려 아래를 내려다보니 능선이 물결처럼 출렁거린다.

　정상에 오르는 길은 다시 가파른 철계단
으로 이어진다. 오른쪽으로 난 나무 계단을
따라 정상인 칠불봉에 올랐다. 동북쪽으로
는 성주의 너른 들판이 펼쳐지고, 남쪽으로
는 남산제일봉, 서쪽으로는 덕유산이 눈앞
에 시원스레 펼쳐진다. 백운동에서 칠불봉
까지 4.3km를 오르는 데 2시간 30분 정도
가 걸렸다. 보통 걸음이면 2시간 30분~3
시간, 걸음이 빠른 등산객이면 1시간 40분
가량이면 정상에 오를 수 있다. 땀을 식힌
후 남서쪽에 있는 우두봉에도 올랐다.

정상으로 오르는 철계단길

가야산 지킴이
한상석 전 성주산악회 회장

"가야산은 영남의 명산名山이라 자랑할 수 있습니다." 성주산악회 회장을 지낸 한상석(53 · 성주새마을금고 전무 · 사진) 씨는 기암괴석과 수목이 많다는 게 가야산의 특징이라고 했다. 남한의 유명한 산들은 물론 백두산, 중국과 일본의 산들도 많이 다녀왔다는 그는 "어느 산에 비하더라도 아름다운 가야산을 첫 손에 꼽을 수 있다"고 강조했다.

태어나거나 근무하는 등 성주와 인연을 맺고 있는 공무원, 자영업자, 주부 등 30여 명으로 구성된 성주산악회는 가야산 정상인 칠불봉에 표석을 세우는 등 가야산 사랑에 앞장서고 있다. 해마다 1월에는 시산제를 지내고, 등산로 정비 및 가야산 홍보에도 힘을 보태고 있다. 요즘도 한 달에 1, 2회 가야산에 꼭 오르는 한 전 회장은 "가야산의 60%가량은 성주에 속해 있다"며 "성주 사람들부터 가야산을 제대로 알고, 사랑하는 마음을 가져야만 가야산이 성주를 대표하는 브랜드로 자리 잡을 것"이라고 했다. 등산로를 따라 나무가 울창해 햇빛을 받지 않고 등산할 수 있다는 것을 가야산 등산의 매력 중 하나로 꼽았다. 그는 "사계절이 다 좋지만 가을이나 겨울에 가야산을 찾는다면 산의 진면목을 볼 수 있다"고 덧붙였다.

건국신화 서린 상아덤

—산신·천신 모신 '마음의 안식처'

• • • 얼마전 '한국의 산신과 산악 숭배의 전통' 이란 부제가
붙은 책 '산신' 을 펴낸 미국인 데이비드 메이슨. 20여 년 동안 산신에 대
해 연구한 그는 "'산신山神' 은 여전히 한국문화의 중심에 자리 잡은 채, 한
국인의 정체성을 지탱하는 뿌리 역할을 해 왔다"고 큰 의미를 부여했다.
이어 "한국 민족의 정체성 확립과 환경보호, 남북통일 분야에서 중요한 사
회문화적 역할을 수행할 산신에 대해 한국인들은 너무 무관심한 것 같다"
고 꼬집었다.

이방인의 쓴소리에 부끄러움부터 앞선다. 사실 서구 문화의 홍수 속에
우리는 산신을 산속에 '유배' 시킨 채 음지에 방치해 왔다. 산신에 대한 제
대로 된 조명과 연구도 별로 없었다. 우리가 되찾아야 할 유산 중 하나가
산신이 아닐까 싶다.

아! 상아덤

성주군 수륜면 백운동에서 가야산 정상 칠불봉에 오르는 산행길에서 '쉼터' 역할을 하는 서성재. 여기에서 남쪽으로 200m정도를 가자 우뚝 솟은 바위 봉우리가 나타난다. 상아덤이다. 그 모양새부터 신비롭다. 사람이 깎았을 법한 넓적한 바위가 40도 각도로 비스듬하게 정상부에 걸쳐져 있다. 사람이 정으로 바위를 쪼아 걸쳐 놓지 않았을까란 생각이 들 정도다. 비스듬히 걸쳐져 있는 바위모양에, 옛날 여자들이 시집갈 때 탔던 가마를 떠올려 '가마바위' 라고도 부른다.

횃불 모양의 바위들로 이뤄진 상아덤에서 바라보는 풍광도 빼어나다.

넓적하게 생긴 거대한 바위가 비스듬하게 걸쳐진 상아덤. 가야산 여신 정견모주와 하늘신 이비하가 만난 상아덤은 가야산 자락 사람들의 마음의 안식처다.

성주군 수륜면 백운리 가야산 기슭의 거대한 바위. 30여 년 전까지만 해도 매년 정월 보름날, 마을의 풍요와 평화를 기원하며 가야산 여신 정견모주를 향해 산신제를 지내던 제단이다.

동북쪽으로는 가야산의 백미인 만물상이 눈 아래 펼쳐지고, 시선을 왼쪽으로 더 돌려 북쪽을 바라보면 정상인 칠불봉이 손에 잡힐 듯 가까이 다가온다. 남서쪽으로는 심원골과 돈봉 능선, 그리고 해인사 백련암으로 내려서는 능선이 파도처럼 굽이친다. 등산로로 개방되지 않은 탓에 사람들에게 많이 알려져 있지 않지만 가야산에서 상아덤을 능가하는 조망처를 찾기 어려울 정도로 주변 경관이 아름답다.

가야산의 모태(母胎)!

상아덤은 가야산 여신인 '정견모주' 正見母主와 하늘신 '이비하' 夷毗訶가 노

상아덤에 핀 기린초꽃. 정견모주와 이비하의 사랑을 상징하는 것처럼 청초하다.

널던 곳이란 전설을 갖고 있다. 가야산처럼 성스런 기품과 아름다운 용모를 지닌 정견모주는 가야산 자락에 사는 백성들이 가장 우러러 받드는 신. 여신은 백성들에게 살기 좋은 터전을 닦아주려 마음 먹고, 큰 뜻을 이룰 힘을 얻기 위해 밤낮으로 하늘에 소원을 빌었다. 그 정성을 가상히 여긴 하늘신 이비하는 어느 늦은 봄날 오색구름 수레를 타고, 상아덤에 내려 왔다.

천신과 산신은 성스러운 땅 가야산에서 부부의 연을 맺고, 옥동자 둘을 낳았다. 형은 아버지인 천신을 닮아 얼굴이 해와 같이 둥그스름하고 불그레했고, 아우는 어머니 여신을 닮아 얼굴이 갸름하고 흰 편이었다. 그래서 형은 뇌질주일惱窒朱日, 아우는 뇌질청예惱窒靑裔라 했다. 형은 대가야의 첫 임금 '이진아시왕'이 됐고, 동생은 금관가야국의 '수로왕'이 됐다. 최치원崔致遠이 지은 '석순응전釋順應傳'과 '동국여지승람'에 나오는 이야기다.

마음을 기대는 곳!

대가야와 금관가야의 건국신화가 서린 상아덤. 그 어원은 어디에서 유래했을까? 상아는 여신을 일컫는 말이고, 덤은 바위巖를 지칭한다. 하늘의 여신이 사는 바위란 뜻이 된다. 덤의 의미를 조금 더 살펴보는 것도 재미있다. 옛날 인류는 암혈에서 살았고, 그 곳은 집이고 생명을 유지하던 곳이었다. 그들은 큰 바위와 절벽과 마을을 덤이라고 불렀다. 더 나아가 몸이나 마음을 의지하는 대상을 덤이라 했다는 게 제수천 전 성주문화원장의 얘기다. 가야산 주변 사람들은 정견모주에 마음을 의지했고, 그런 마음들이 모여 형상화된 것이 바로 상아덤인 것이다.

서장대가 아닌 상아덤!

상아덤 위치도

상아덤이란 훌륭한 명칭이 있는데도 가야산 국립공원 안내도와 산행잡지 등에는 서장대西將臺로 일컫고 있다. "서장대라 함은 사람이나 산짐승도 못들던 어거지말"이란 것이 제 전 원장과 이덕주 초전초교 교장의 지적. 근거 없는 서장대란 명칭 대신 상아덤으로 고쳐 부르는 것이 바람직하다.

가야산에서 감응, 새 세상을 연 정견모주와 이비하의 이름 유래를 살펴보는 것도 의미가 있다. 다음은 제 전 원장의 얘기. 정견모주란 이름은 동성봉 능선의 한 봉우리인 바래봉에서 그 연원을 찾을 수 있다. 또 바래의 어원은 비로毘盧이며, 비로는 산스크리트어 바이로자나로 광명을 뜻한다는 것. 바래봉 여신을 한자로 옮기면서 바로 본다는 뜻을 지닌 '정견모주' 란 이름을 얻게 됐다는 설명이다.

　하늘신인 이비하는 인간 세상에서 호랑이로 현신한다. 우리 조상들은 호랑이를 천신과 동격시하며 이비하로 불렀다는 것. 어르신들이 잘못을 저지르는 어린 아이들을 타이를 때 '이비 이비'라고 한 것도 호랑이인 이비하가 가까이 있다며 경계하라는 말로, 곧 천신과 호랑이를 동일시했다는 얘기다.

가야산 지킴이

이덕주 성주향토사연구회 부회장

"상아덤은 하늘과 땅의 화합이란 큰 의미를 가진 곳입니다." 성주향토사연구회 부회장을 맡고 있는 이덕주(62·사진) 성주 초전초교 교장은 정견모주의 전설을 간직한 상아덤을 가야산 숭배신앙의 출발점 이라 했다. 천신의 자손이란 전설을 지닌 대가야와 금 관가야는 천제의 후손이란 단군신화를 간직한 고조선 과 일맥상통한다고도 했다.

"상아덤에 오를 때마다 그 아름다운 모습에 감탄하게 된다"며 "신비로운 자태 덕분에 자연스럽게 정견모주 전 설을 간직하게 됐을 것"이라고 밝혔다. 산지가 3분의 2가 되는 우리나라에서 자연스럽게 산지는 옛 사람들의 삶의 터전이 됐다는 그는 "산지를 생명의 원 천으로 인식, 산을 숭배의 대상으로 삼았다"고 분석했다.

가야산 및 성주의 역사 연구에 몰두하고 있는 이 교장은 '향토사지' 등을 통해 연구성과를 꾸준하게 발표하고 있다. 그는 "'성주를 보면 대한민국이 보인다'고 할 정도로 성주는 불교, 유교, 풍수지리 등에서 중추적 역할을 한 곳"이라며 가야산과 성주 연구에 대한 강한 의지를 피력했다.

가야산 최고봉은? ─칠불·우두 하늘아래 두 봉우리

••• 산의 최고봉最高峰은 그 산의 '얼굴'이랄 수 있다. 가장 높은 봉우리가 어떤 모습을 지녔느냐에 따라 그 산의 전체적인 이미지가 좌우되기 때문이다. 설악산하면 대청봉, 지리산하면 천왕봉을 떠올리는 것처럼 최고봉은 그 산을 특징짓는 역할을 하는 것이다.

그동안 가야산 최고봉은 우두봉牛頭峰으로 알려져왔다. 가야산 자락 사람들도 우두봉을 상봉上峰이라 일컬으며 최고봉으로 섬겨왔다. 하지만 수년 전 국립지리원 측량 결과 우두봉에서 동북쪽으로 250m 떨어진 칠불봉七佛峰이 더 높은 것으로 확인되면서 최고봉을 둘러싼 논란이 계속되고 있다.

우두봉에서 바라본 칠불봉. 하늘 향해 타오르는 전형적인 석화성石火星의 모양새를 보여주고 있다. 항상 물이 고여 있는 우비정에는 신기하게도 개구리가 살고 있다.

"칠불봉이 2.6m 더 높다."

성주군으로부터 측량 요청을 받은 국토지리정보원은 2004년 2월 GPS와 토털스테이션을 이용, 실측에 나섰다. 그 결과 칠불봉이 해발 1,432.4m, 우두봉이 해발 1,429.8m로 나타났다는 것. 99년 이후 계속된 가야산 최고봉 논란에서 칠불봉이 가장 높은 봉우리로 확인된 것이다.

그러나 그 후 3년 여가 지나도록 칠불봉은 가야산 최고봉으로 제대로 '대접' 받지 못하고 있다. 2004년 10월 국립공원관리공단이 발행한 가야산 국립공원 산행지도. 우두봉을 높이 1,430m로 표기하고, 가야산 정상으로 일컫고 있다. 반면 우두봉보다 약 3m 높은 칠불봉은 봉우리 표시만 돼 있을 뿐 아예 높이는 표기를 않고 있다. 동성봉, 단지봉, 남산제일봉 등 가야산 국립공원 내 다른 봉우리들은 '친절하게' 높이가 표기돼 있지만 칠불봉만 쏙 빠져 있는 것이다.

가야산 국립공원 관리사무소 측은 "국토지리정보원 측량 결과를 알고 있지만 칠불봉이 최고봉으로 인정되기까지는 절차가 남아 있어 높이를 표기하지 않았다"고 밝히고 있다. 지명학회 추인 등 절차가 적지 않게 남았다는 얘기다.

가야산 최고봉 논쟁에는 성주군과 합천군 간 미묘한 신경전도 끼어들어 있다. 행정 구역상 우두봉은 합천군과 성주군의 경계에, 칠불봉은 성주군

칠불봉에서 바라본 우두봉은 소의 머리란 이름처럼 강인한 소의 이미지를 떠올리게 한다.

에 속해 있는 것. 산의 행정 구역을 정상을 기준으로 삼고 있는 게 일반적 시각인 만큼 그동안 '합천 가야산'으로 많이 불리던 가야산이 '성주 가야산'으로 불리게 될지 지켜볼 일이다.

'조화의 美', 두 봉우리!

최고봉 논쟁은 어찌보면 인간들의 부질없는 다툼일 뿐 칠불봉과 우두봉은 말이 없다. 수만 년 전부터 그래온 것처럼 오늘도 아래를 굽어보며, 가야산을 찾는 이들을 넉넉하게 품어주고 있다.

서로 250m 거리를 두고 떨어져 있는 칠불봉과 우두봉은 그 모양새가 전혀 다르다. 칠불봉이 뾰족 솟구친 전형적인 암봉인 반면 동서로 길게 암릉을 이룬 우두봉은 밑둥의 길이가 500m가 넘는 긴 암괴의 중앙부에 솟은 암봉이다. 또 칠불봉이 하늘 향해 타오르는 불꽃 모양을 한 석화성石火星의 전형적인 모습이라면, 우두봉은 소의 머리란 이름처럼 우람한 모양새를 하고 있다.

조금 더 천착해 두 봉우리를 비교하는 것도 재미가 있다. 날카로운 모양을 한 칠불봉을 여성에 비유한다면 우직스런 우두봉은 남성에 견줄 수 있다. 여성스런 칠불봉을 부드러운 유柔 남성적인 우두봉을 꿋꿋한 강剛으로, 아니면 그 모양에 따라 뾰족한 칠불봉을 강, 둥그스럼한 우두봉을 유로 볼 수도 있겠다. 어찌됐든 두 봉우리는 음과 양, 강과 유의 아름다움을 두루 갖추고 있는 것이다. 어울림의 아름다움을 절묘하게 보여준다.

두 봉우리에서 바라보는 주변 풍광도 가야산의 압권(壓卷 · 가장 뛰어난 부분) 중 하나다. 지리산에서 백운산을 거쳐 덕유산으로 이어지는 백두대간 뿐 아니라 동으로 팔공산, 북으로 독용산을 비롯해 경남과 전라남 · 북도의 산들이 한눈에 들어온다.

칠불봉 전설과 우비정 개구리!

상아덤이 가야산 여신인 정견모주, 하늘신 이비하의 전설이 서린 곳이면 가야산 정상 칠불봉은 정견모주의 손자들과 얽힌 전설을 갖고 있다. 정

해인사 일주문 옆 영지. 정성이 지극한 사람들에게는 칠불봉의 모습이 연못에 비친다고 한다.

견모주의 둘째 아들인 금관가야 시조 김수로왕은 인도 아유타국 공주 허황옥과 결혼, 왕자 10명을 두었다. 큰아들은 왕위를 계승하고, 둘째와 셋째는 어머니 성을 따라 허 씨의 시조가 됐다. 나머지 일곱 왕자는 외삼촌 장유화상을 따라 칠불봉에서 도를 닦기 시작했다. 일곱왕자를 그리워하던 허 황후는 가야산을 찾았으나 칠불봉까지 올라갈 수 없어 아들들의 그림자라도 볼 수 있게 해달라고 부처님에게 기도했다. 그 정성이

부처님의 마음을 움직여 해인사 일주문 옆 연못에 정진 중인 왕자들의 모습이 비쳐졌다는 것. 그 연못을 영지影池라 했고, 정성이 극진한 사람들에게는 지금도 칠불봉의 모습이 연못에 비친다고 한다.

우두봉에 올랐다면 꼭 봐야 할 곳이 우비정牛鼻井. 우비라 함은 소의 코란 뜻으로 우비정에는 항상 물이 고여 있다. 우두봉은 소의 머리 모양을 한 봉우리고, 소는 코에서 항상 땀을 흘려야 건강하다는 풍수지리의 이야기처럼 우비정의 물은 그래서 언제나 마르지 않는다는 것이다. 하늘에서 내린 빗물인지 이슬인지, 아니면 바위에서 솟아난 물인지 그 연원은 알 수 없다. 가로 세로 1m가 넘는 둥근 모양의 우비정에는 신기하게도 비단개구리가 살고 있다. 우두봉과 우비정, 그리고 그 안에서 사는 개구리를 보면 자연의 오묘한 섭리가 느껴진다.

가야산 지킴이

김용판 경무관, '칠불=주봉' 확인 주역

　　"칠불봉이 가야산 최고봉으로 확인된 만큼 이제
부터라도 칠불봉이 주봉主峰 자리를 찾을 수 있도록
해야 합니다." 가야산 최고봉 논쟁에서 칠불봉이 최
고봉으로 확인되는 데 선구적 역할을 한 김용판(50 · 주
중 한국대사관 경찰주재관 · 사진) 경무관. 1999년 성주경찰
서장으로 재직하면서 성주군청과 국립공원관리공단에
칠불봉과 우두봉의 높이를 정확히 측정해 달라는 공문을
보낸 주인공이다.

　　"가야산은 30여 차례나 정상에 오를 정도로 애정이 각별
한 산이지요. 스스로 칠불봉과 우두봉 중 어느 곳이 높은지를
궁금해했고, 만나는 등산객들도 두 봉우리 높이를 두고 설왕설래함에 따라 성
주군 등에 정식으로 공문을 보내게 됐습니다." 김 경무관은 "국립지리원 측정
결과 칠불봉이 우두봉보다 약 3m 높은 것으로 조사됐다"며 "그에 따라 가야산
의 주봉이 어디인가 하는 문제도 하루 빨리 정리돼야 한다"고 강조했다.
　　"가야산은 신령스런 기운을 간직한 산인 만큼 앞으로 많은 분들이 가야산
을 찾아 좋은 기운을 많이 받아 가시기를 바랍니다."

만물상 3형제 – 눈 앞에 펼쳐진 '대자연의 교향악'

• • • '만물상萬物相'을 국어사전에서 찾아봤다. '금강산金剛山에 있는 암산'이라 나와 있다. 그리고 '바위가 기묘하게 온갖 모양을 하고 있어 가관可觀을 이룸'이라고 덧붙여져 있다. 그동안 만물상이라고 하면 금 강산이나 설악산의 만물상을 떠올리는 것을 당연하게 여겨왔다.

등잔 밑이 어둡다고 했던가. 대구에서 1시간여 거리인 가야산을 찾으면 만물상을 볼 수 있다. 그 규모에서는 금강산이나 설악산의 만물상에 어깨 를 나란히 하기 힘들지 몰라도 그 아름다움에서는 결코 밀리지 않는 가야 산 만물상. 그곳을 찾으면 세상의 시름을 다 잊을 수 있다.

성주군 수륜면 백운동에서 서쪽으로 올려다보면 만물상의 끝자락이 보 인다. "좋다"는 말이 절로 나온다. 그러나 만물상의 1%만 보는 데 불과하 다. 만물상의 아름다움을 제대로 만끽하려면 발품을 팔아야 한다. 세상 모든 일이 그러하듯 땀을 흘려야 보람을 얻을 수 있는 것이다.

금강산 만물상을 감상하려면 해발 1천m가 넘는 천선대에 올라야 하는 것처럼 가야산 만물상을 조망하기 위해선 1천100m가 넘는 상아덤에 올라야 한다. 만물상 동북쪽인 동성봉 능선의 동성재나 백운대, 아니면 남서편에 있는 돈봉 능선에 올라도 만물상의 진면목을 볼 수 있다. 그 가운데 만

가야산 백운동 만물상은 억겁의 세월이 만들어낸 거대한 '자연의 교향악'이라 부를 만하다.

물상의 가장 빼어난 조망처를 꼽는다면 단연 상아덤이다.

뾰족한 바위 모양을 한 상아덤에 오르면 왼편으로 만물상이 시원스레 펼쳐진다. 기묘한 바위들이 줄지어 늘어선 모습이 보는 이를 압도한다. 억겁의 세월 동안 바위들은 비바람에 씻기고, 깎이어 세상 여러 가지 물체의 형상을 하고 있다. 진한 사랑이 느껴지는 모자母子바위에서부터 곰, 자라, 부처 등 갖가지 모양을 한 바위들이 서로 경쟁이라도 하듯 눈앞에 펼쳐진다.

만물상 앞에 서면 자연과 시간의 위대함에 새삼 고개를 숙이게 된다. 바위들은 또 더불어 사는 상생의 미덕을 온몸으로 보여준다. 아름다움을 홀로 뽐내지 않고, 한 발씩 뒤로 물러서서 겸양하면서 이웃 바위들과 조화를 이루려는 노력을 통해 만물상이란 거대한 '자연의 교향악' 을 연주하는 것이다.

백운동에 있는 가야산 만물상을 어떤 주민들은 만불상萬佛相이라고도 부른다. 수많은 바위를 부처에 비유한 것. 바위를 부처에 비유했다는 연유에서 백운동 만물상의 아우뻘 되는 만물상이 가까운 곳에 있다는 것도 매우 흥미롭다.

백운동에서 59번 국도를 따라 해인사

동양화를 연상케 하는 남산제일봉 암릉 구간.

방면으로 10여 분쯤 달리면 남산제일봉이 나타난다. 홍류동계곡을 사이에
두고 가야산과 마주하고 있는 산이다. 남산제일봉 정상에 올라 북동쪽을
내려다보면 바위 능선이 펼쳐진다. 한 폭의 동양화를 떠올리게 할 정도로
바위와 나무들이 한데 어우러져 빼어난 경관을 선사한다. 등산인들이 남
산제일봉을 유달리 좋아하는 이유도 청량사로 내려가는 등산로에 있는 이
암릉 때문이다. 스님들이 청량사 뒤편에 있는 산을 천불산千佛山이라고 부
르는 것을 감안한다면 이곳의 암릉을 백운동 만물상의 아우로 일컬어도
무방할 것 같다. 그 높이도 백운동 만물상이 조금 더 높다.

　조금 더 범위를 넓혀 백운동 만물상, 남산제일봉 암릉 구간, 그리고 남
동쪽으로 더 내려간 곳에 있는 합천 황매산 모산재를 합쳐 만물상 3형제
로 묶어볼 만하다. 모산재 역시 그 '형님들'인 백운동 만물상, 남산제일봉

기암괴석의 전시장으로 일컬어지는 황매산 모산재.

암릉 구간처럼 기암괴석의 전시장이라 부를만한 명소다.

뛰어난 암릉미를 선사하는 가야산 만물
상. 그러나 지금은 갈 수 없는 미답의
공간으로 남아 있다. 자연보호 등을
이유로 국립공원관리공단이 만물상
등산로에 대해 입산을 통제하고 있기
때문이다. 하루빨리 막힌 등산로가 개
방돼 많은 사람들이 만물상 3형제를 서
로 비교해가며 그 아름다움을 만끽하는 것
은 물론 세상의 시름을 잠시나마 덜 수 있기를
기원해본다.

■ 백운동 만물상 · 남산제일봉 암릉 위치도

가야산 지킴이

박헌규 전 성주군 부군수

"한강 이남에 있는 산 가운데 최고라 일컬어도 될 정도로 가야산은 명산입니다." 가야산 자락인 성주군 수륜면 출신인 박헌규(60) 전 성주군 부군수. 어려서부터 가야산을 수없이 오른 그는 겉으로 드러난 아름다움은 물론 산이 갖고 있는 정기 등 여러 면에서 가야산만한 산을 찾기 힘들다고 얘기했다.

특히 박 전 부군수는 백운동 만물상을 가야산 최고의 명소로 꼽았다. "만물상은 어느 누구든지 꼭 봐야할 자연의 아름다운 작품이지요. 그러나 자연보호 등 여러 이유로 만물상 등산로는 물론 만물상을 조망할 수 있는 등산로마저 폐쇄돼 있어 안타깝습니다. 만물상의 아름다움을 많은 사람들이 직접 보고 느끼고, 또 성주군 발전을 위해서라도 등산로 개방이 시급하게 이뤄져야 합니다." 그동안 성주 쪽 가야산에 대한 체계적인 관광 프로젝트 마련이 미비해 아쉽다는 그는 "가야산과 성주댐, 독용산성 등을 연계시키는 관광 프로젝트가 실행돼야 한다"고 강조했다. 박 전 부군수는 "공직생활에서 물러난 이후에도 가야산을 많은 사람들에게 알리고, 가야산이 사람들의 진정한 휴식처가 될 수 있도록 나름대로 기여할 생각"이라고 했다.

건들바위 오르는 길 —새삼 자연의 오묘함이…

• • • 고등학교 때 강원도 설악산으로 수학여행을 갔었다. 권금성을 오르는 케이블카와 비선대, 천불동도 좋았지만 흔들바위가 지금도 기억에 남아 있다. 높이 25m가 되는 이 흔들바위는 어른 두세 명이 일정한 템포로 밀었다 놓기를 반복하면 이내 그 움직임이 느껴진다. 동그란 바위 모양에다 밀면 흔들리는 바위가 참 신기하다는 생각이 들었다.

가야산에 가면 설악산 흔들바위보다 10배 이상 큰 신기한 바위를 만날 수 있다. 흔들바위처럼 흔들린다고 해서 건들바위란 이름을 갖고 있다. 설악산의 흔들바위에겐 '미안한' 얘기지만 굳이 그 크기를 비교하자면 흔들바위를 공깃돌로 만들 정도로 건들바위는 거대하다. 건들바위를 바라보면 자연의 오묘함을 새삼 느낄 수 있다.

땀을 식혀주는 곳, '전망바위'

성주군 수륜면 백운동 용기골 등산로를 오르다 보면 1, 2와 같은 식으로 일련번호가 붙은 백운교를 만나게 된다. 백운 2교를 건너 30여m를 가면 오른쪽에 등산로 아님 표지가 나온다. 동성재로 오르는 코스다. 경관이 뛰어나 인기 있는 등산로였으나 지금은 통제구역으로 묶여있다. 가야산국립공원 관리사무소의 양해를 얻어 이 등산로로 접어들었다. 신비한 건들바위를 찾아가는 길이다.

백운대 전망바위. 스님과 도인들이 수행했던 백운대에 서면 속세의 때가 씻겨나가는 것 같다.

등산로는 곧장 가파른 오르막이다. 20분가량 지그재그로 사면을 치고 오르자 시원스럽게 조망이 터지는 바위지대가 나온다. 땀을 흘린 사람들에게 가야산은 그 노력만큼이나 시원한 풍광을 선물한다. 울창한 수림으로 뒤덮인 용기골이 눈아래 펼쳐지고, 눈을 들면 만물상 능선이 파도처럼 출렁인다. 정말 전망바위라 부를 만하다.

하늘에서 바라본 동성봉~동성재~백운대 능선. 만물상 능선에 버금가는 암릉미를 갖고 있다.

속세의 때를 씻는 백운대!

　잠시 목을 축인 후 다시 오르막 등산로를 걷는다. 얼마 가지 않아 갈림길
이 나타난다. 이곳에서 왼쪽으로 200m 정도를 가면 일요암日曜菴 터가 있
고, 건들바위를 보기 위해선 오른쪽 동성재 가는 길로 들어서야 한다. 계속
해서 산사면을 비스듬히 타고 가자 커다란 바위 아래 석간수가 솟는 샘터
가 보인다. 물을 마실 수 있도록 바가지도 걸려 있다. 이 곳은 또 영험한 기
도터여서 무속인들이 굿을 하는 곳이기도 하다. 동행한 서봉래 전 가야산
국립공원 백운분소 소장은 "10대 때 아버지와 나무를 하러왔다 호랑이를

본 곳"이라고 했다.

다시 산길을 오르면 작은 너덜(바위가 몰려 있는 곳)이 나타난다. 백운리 마애여래입상을 잠시 둘러본 후 가파른 돌밭을 지나면 고갯마루에 오르게 된다. 동성재 능선이다. 이 능선을 따라 북쪽에 있는 동성봉쪽으로 오르면 동성재가 나온다. 용기골 등산로를 오르면 만나게 되는 서성재와 대칭되는 고개인 셈. 가야산성을 중심으로 동성재와 서성재는 동과 서로 나뉘어 마주보고 있다.

능선을 따라 남쪽으로 10여m를 가니 백운대가 나온다. 여러 명이 앉아도 넉넉할 정도의 평평한 모양의 바위인 백운대白雲臺는 옛날 스님이나 도인들이 수행하던 곳. 이 곳에 가부좌하면 눈앞으로 만물상 등 가야산 절경이 선명하게 다가온다. 천상의 옥황상제가 신선들과 함께 쉬어가던 곳, 수백리 광활한 시계視界와 속세의 고달픔을 잊어버리고 무아無我의 경지에서 번민을 털어버리는 곳이란 옛 사람들의 기록이 허언이 아니라는 것을 느낄 수 있다. 일부에서 동장대로 잘못 부르고 있지만 백운대란 제 이름을 찾아주는 게 당연하다는 생각이 든다.

자연의 신비, 건들바위

다시 동성재 능선을 타고 동성봉 방향으로 수십m를 오르자 드디어 건들바위가 그 웅장한 모습을 드러낸다. 높이 10m가 넘는 그 우람한 크기부터 사람을 압도시킨다. 그 다음엔 긴장감을 불러일으킨다. 아파트 3층 높이도 더 될 것 같은 바위 위에 또 그만한 바위 하나가 모로 세워져 있는 위

높이 10m에 이르는 거대한 바위가 위태롭게 서 있는 건들바위에서는 자연의 오묘함이 느껴진다.

태로운 모양새 때문이다. 윗부분은 굵고 아래로 갈수록 가늘어지는 마치 팽이 모양의 거대한 바위가 아슬아슬하게 서 있다. 힘을 조금 줘 밀면 바위가 아래로 굴러 떨어질 것처럼 위태롭다. 가야산 자락에 사는 사람들은 이 건들바위를 밀면 흔들린다는 느낌을 받는다고 해서 경상도 사투리로 '꼬더럭바위' 로 부르기도 했다. 일부에서 하늘바위로 일컫기도 하지만 건들바위로 바로잡아야 하겠다.

건들바위를 지나면서 동성봉까지는 능선을 따라 걷는 산행. 왼쪽으로는 아름다운 만물상 능선이, 오른쪽으로는 성주 수륜 쪽의 시원한 풍광이 펼쳐져 지루함을 느낄 겨를이 없다. 산죽山竹길을 따라 걷는 재미도 쏠쏠하다. 동성봉에서 가야산 정상인 칠불봉을 오르는 등산로도 있다. 백운2교에서 동성봉을 거쳐 칠불봉까지 오르는 데 3시간 정도가 걸린다.

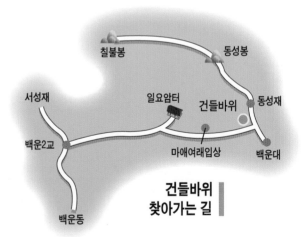

건들바위
찾아가는 길

가야산 지킴이

김태봉 전 성주산악회장

"백운2교에서 마애여래입상, 백운대, 건들바위, 동성재, 동성봉을 잇는 등산로는 최고지요. 만물상을 한눈에 볼 수 있어 눈맛이 좋고, 등산로에 그늘이 드리워져 산행을 하기에 그만입니다." 성주산악회 회장을 지낸 김태봉(63 · 성주군 성주읍 · 사진) 씨. 79년 성주산악회 창립 회원인 그는 80년대 회장을 역임하면서 마수 쪽에서 가야산을 오르는 등산로를 개척하는 등 가야산 사랑에 앞장서고 있다. 지금도 산악회 고문을 맡는 등 창립 회원 중 유일하게 활동하고 있다.

"가야산 정상인 칠불봉을 100번 넘게 오를 정도로 평생 가야산의 매력에 푹 빠져 살고 있지요. 요즘도 한 달에 3회 이상 전국의 산을 등산하고 있는데 가야산처럼 좋은 산을 어디에서도 찾아보기 힘듭니다." 김 씨는 "특히 동성재 능선에 있는 건들바위에서는 자연의 위대함과 신비로움을 만끽할 수 있다"고 했다. "서 있는 모습이 위태로울 정도인 건들바위를 보면 누구나 신기하다는 생각을 하게 되지요. 그리고 바위를 밀어보면 흔들린다는 느낌을 받게 됩니다."

소금 묻힌 남산제일봉

―빼어난 암릉 불꽃 타오르는 듯

• • • 최근 미국이나 독일, 영국 등 서양인들이 풍수지리에 '심취' 하고 있다. 미국에선 풍수지리 이론에 따라 건축된 집이 다른 집에 비해 훨씬 비싼 가격에 팔리고, 풍수 강좌를 듣는 이들이 급증하는 등 풍수 열풍이 불고 있다. 우리나라에서도 음택陰宅이나 양택陽宅에 주안점을 두는 것에서 벗어나 실내·외 인테리어나 조경, 납골당, 부동산 등으로 풍수지리 이론의 적용범위가 크게 넓어지는 추세다. 미신 또는 고리타분한 것으로 치부되던 풍수지리 이론이 시나브로 '과학' 으로 인정받으며, 생활 속으로 깊숙이 파고 들고 있는 것이다.

해인사 남쪽에서 제일 높은 봉우리!

경남 합천 가야면 남산제일봉(1,010m). 홍류동계곡을 사이에 두고 가야 산과 마주하고 있는 산이다. 해인사를 기준으로 남쪽에서 제일 높은 봉우 리를 지칭하는 것이 그대로 봉우리 또는 산의 이름이 됐다. 일부 등산객들 은 남산제일봉을 매화산으로 부르기도 하지만 매화산은 이곳에서 남쪽으 로 약 1.1km를 더 내려간 곳에 있는 산을 일컫는 게 정확하다.

남산제일봉은 능선을 따라 기묘한 형상의 바위들이 늘어서 있고, 그 바 위들로 연결된 능선이 아기자기해 등산코스로 인기가 높다. 남산제일봉에 오를 때마다 휴일이 아닌 날에도 대구나 서울, 전주 등에서 온 등산객을 만날 정도로 전국적으로 이름이 나 있다.

남산제일봉 산행은 청량사와 해인사관광호텔을 기점으로 이뤄진다. 농 산정 기점, 고운암 기점 코스도 있지만 비지정등산로인 데다 경관이 청량 사나 해인사관광호텔 기점 코스에 비해 크게 낮지 않아 찾는 이가 거의 없 는 실정이다.

빼어난 암릉미!

해인사관광호텔 주차장을 지나면서 남산제일봉을 향한 본격적인 산행 이 시작된다. 아름드리 소나무 사이로 나 있는 널찍한 등산로를 따라 가는 편안한 길이다. '남산제일봉 2km, 치인집단시설지구 0.5km'라는 안내판 을 지나면 계곡으로 내려선다. 돼지골이라 불리는 계곡이다. 계곡을 따라 그리 가파르지 않은 등산로를 걸어 개울을 두 차례 건넌 다음 능선 위로

하늘 향해 타오르는 불꽃 모양을 한 남산제일봉은 빼어난 암릉미를 자랑한다.

올라선다. 치인집단지구에서 약 2km 올라온 곳이다. 여기에서 오른쪽으로 방향을 틀어 500m 정도를 더 올라야 남산제일봉을 만날 수 있다.

여기서부턴 등산로가 가팔라지고, 수없이 나타나는 계단을 밟아야 한다. 산행을 하면서 인공적인 시설물인 계단을 오르는 것은 그리 유쾌하지 않고 힘드는 일이지만 헬스장에 있는 '스탭퍼(계단오르는 것과 같은 운동기구)'를 밟는 운동을 한다고 생각한다면 기쁜 마음으로 오를 수 있다. 세상 모든 일이 마음 먹기에 달려 있는 것이다.

드디어 남산제일봉에 오른다. 뾰족한 모양의 바위들로 이뤄진 남산제일봉은 칠불봉에 버금가는 또 다른 석화성(石火星 · 바위로 된 불꽃)의 절정이다. 수많은 바위들이 등을 맞댄 채 솟구친 봉우리는 마치 하나의 거대한 꽃을 떠올리게 한다.

남산제일봉에서 바라보는 주위 풍광도 그 모습만큼이나 빼어나다. 북쪽으로는 나지막한 오봉산과 그리고 해인사가 눈에 들어온다. 고개를 더 들면 가야산 정상인 칠불봉과 우두봉이 손에 잡힐 듯하다. 동북쪽 청량사로 내려서는 등산로를 따라 펼쳐진 암릉은 절로 탄성을 자아내게 만든다.

화기를 막는 소금 단지

매년 단오에 법보종찰 해인사 스님들은 남산제일봉에 소금 단지를 묻고 있다. 100년이나 이어진 중요한 행사다. 스님들이 남산제일봉에 소금 단지를 묻는 이유는 해인사의 화재를 막기 위해서다. 해인사 창건 이후 사찰 내력을 기록한 '해인사지海印寺誌'를 보면 소금 단지를 묻게 된 연유를 알 수 있다.

1695년부터 1871년까지 176년 동안

남산제일봉 화기를 누르기 위해 소금 단지를 묻고 있는 해인사 스님.

하늘에서 내려다 본 해인사

해인사에는 7차례의 큰 불이 나는 등 화재가 잇따랐다. 풍수지리에 따르면 해인사 남쪽에 있는 남산제일봉이 화산火山이기 때문에 정면대립한 해인사로 그 화기火氣가 날아들어 불이 자주 났다는 것. 봉우리 형상이 불꽃처럼 생긴 것도 화재를 불러 일으키는 산으로 여겨졌다.

이에 따라 1817년 여섯 번째 화재 이후 재건할 때엔 대적광전大寂光殿의 좌향(坐向·앉은 방향)을 서쪽으로 약간 돌리기도 했다. 또 남산제일봉의 화기를 누르기 위해 바닷물로 불기운을 잡는다는 뜻에서 소금 단지를 묻었고, 그 이후 해인사에는 큰 화재가 일어나지 않았다는 것이다. 단오에 소금을 묻는 것도 일년 중 양기가 가장 강한 날에 소금을 묻어 화기를 누르기 위해서라고 한다. 이런 연유로 제수천 전 성주문화원 원장은 "남산제일봉을 불을 묻는다는 뜻의 매화산埋火山으로 부르는 게 마땅하다."고 했다.

가야산 지킴이

이병생 합천군문화원 사무국장

"고운 최치원 선생이 달이 머무를 정도로 아름다운 곳이라 해서 월유봉月留峰이라 일컬은 곳이 남산제일봉이지요. 특히 단풍이 드는 가을이 아름답습니다." 남산제일봉 바로 밑인 경남 합천군 가야면이 고향인 이병생(63 · 사진) 합천군문화원 사무국장. 평생을 남산제일봉과 인연을 맺으며 살고 있는 그는 남산제일봉은 특히 기암괴석이 아름다운 산이라고 자랑했다.

해인사 스님들이 남산제일봉의 불 기운을 누르기 위해 정상에 소금단지를 묻는 데 대해 이 사무국장은 어려서부터 보아온 전통 행사라고 했다. "해인사에서 큰 화재가 7번 일어나는 등 불이 자주 나는 것은 남산제일봉의 화기 때문이란 얘기를 어려서부터 들었지요. 요즘에도 5월 단오가 되면 화기를 누르기 위해 스님들이 소금 단지를 묻고 있지요." 등산객들이 남산제일봉을 매화산으로 부르는 데 대해 이 국장은 "매화산은 남산제일봉의 남쪽에 있는 산을 지칭한다"며 남산제일봉이 정확한 이름이라고 했다. "홍류동계곡을 두고 남산제일봉과 마주보고 있는 가야산도 정상부의 경치가 아름다운 명산이지요. 남산제일봉과 가야산이 사람들에게 더욱 사랑받기를 바랍니다."

두리봉과 개금마을

• • • 김천 수도산(1,316m)에서 가야산 칠불봉(1,433m)을 잇는 능선길은 많은 등산인들이 좋아하는 종주 코스 중 하나다. 특히 불꽃처럼 타오르는 가야산 정상부의 아름다운 모습을 보며 걷는 길은 환상 그 자체다.

가야산 정상인 칠불봉으로부터 서쪽으로 35km 가량 떨어진 곳에 자리잡은 두리봉(1,133.4m). 수도산~가야산 능선길 산행에서 백미白眉로 꼽히는 곳이다. '석화성(石火星 · 날카로운 바위들이 늘어선 정상부의 모양새가 흡사 불꽃이 공중으로 솟는 듯하다는 뜻)' 으로 일컬어지는 가야산의 진면목을 제대로 감상할 수 있는데다, 두리봉에 오르는 산행기점인 개금마을에서는 자연과 더불어 살아가는 사람들의 순박한 모습을 볼 수 있기 때문이다.

사방을 둘러볼 수 있는 '두루봉'

평퍼짐한 모양새를 하고 있는 두리봉의 이름에 대한 정확한 유래는 알 수 없다. 다만 봉우리에서 사방을 둘러볼 수 있다고 해서 두리봉, 또 그 형상이 두루뭉술해서 두리봉이란 얘기가 있다. 두리봉 아래인 개금마을 주민들은 "사방을 두루 볼 수 있다고 해서 두루봉이라 한다"고 했다.

수도산에 올라 두리봉까지 종주를 하는 코스도 있지만 거창군 가북면 용암리 개금마을에서 두리봉에 오르기로 했다. 88고속도로 가조나들목에서 내려 가조면, 가북면 소재지를 거쳐 개금마을로 향가는 길은 가을빛으로 물들었다. 고개를 숙인 벼 이삭들은 따사로운 가을 햇살에 황금빛으로 빛나고, 어느 농가 담장 밖으로 고개를 내민 감나무엔 빨간 감들이 주렁주렁 열렸다.

두리봉 오르는 길에서 만난 가야산 정상부 모습. 활짝 핀 억새와 붉은 단풍, 그리고 불꽃처럼 타오르는 모양의 가야산이 한데 어우러져 멋진 풍경을 선사한다.

계절의 변화에 둔감한 도시인의 눈에도 농촌의 가을은 아름답기 그지없다.

상上개금마을 초입 개금분교(폐교)에서 본격적인 산행을 시작한다. 마을의 마지막 민가를 지나면서 계곡으로 접어든다. 계속 계곡을 따라가도 되지만 시간을 절약하기 위해 능선으로 접어드는 길을 택했다. 처음 이 길로 산행하는 이들은 헷갈릴 수 있으나 산악회에서 매달아 놓은 리본을 따라가면 길을 잃을 염려는 없다.

능선길은 비교적 완만한 편이어서 1시간 남짓이면 두리봉 남릉 상의 평평한 곳에 오를 수 있다. 계곡을 흐르는 물소리, 사람 키 만큼 자란 산죽山竹을 벗삼아 걸으면 그다지 힘이 들지 않는 길이다. 고갯마루에 오른 이후부터는 왼쪽으로 길을 잡아 능선을 따라 걸으면 된다. 등산객들이 많이 다니지 않아 울창한 나무들이 산행을 방해하지만 길을 헤치며 가는 것도 나름대로 운치가 있다.

10여 분 정도 능선길을 따라가자 넓은 공터가 나온다. 표시로 봐서 헬기임시착륙장이다. 이곳은 사방이 트여 있어 불꽃처럼 타오르는 가야산 정상부의 모습이 한눈에 들어온다. 가을의 전령사인 억새가 활짝 피었고 붉게 물든 단풍, 그리고 가야산의 아름다운 모습이 한데 어우러져 가을의 정취를 물씬 풍긴다. 남쪽으로는 남산제일봉이 보이고, 아스라하게 펼쳐진 가야산 능선은 그림처럼 아름답다.

잡목이 우거진 두리봉 정상은 얼마전 산행을 했던 단지봉처럼 흙으로 이뤄진 펑퍼짐한 봉우리. 봉우리 자체보단 주변의 멋진 풍경을 감상할 수 있

가야산 우두봉에서 내려다본 두리봉.

는 게 두리봉의 매력이란 생각이 들었다. 두리봉에서 부박령을 거쳐 가야산 정상으로 가는 등산로도 있다.

하늘 아래 첫 동네, 개금마을!

두리봉 산행을 마치고 산행을 시작한 개금마을로 되돌아왔다. 거창의 동북부 해발 800m 고지 비탈면에 자리잡은 이 마을은 '하늘 아래 첫 동네'로 불리는, 거창에서도 손꼽히는 오지마을이다. 북으로는 경북 성주군과 맞닿아 있고 동으로 재를 넘으면 합천 해인사가 나온다. 개금開金은 옛날에 금이 많이 나와 붙여진 이름으로, 마을 주변 산에는 지금도 금광의 흔적이 있다.

20여 가구 70명 남짓한 마을 주민들은 배추, 감자 등 고랭지채소를 키우

해발 800m에 자리잡은 개금마을은 공기와 물이 좋고, 오미자와 마를 많이 생산하는 장수마을로 유명하다.

며 살아가고 있다. 요즘엔 고부가가치 작물인 오미자를 주로 재배한다. 고지대에서 생산된 이 곳의 오미자는 딴 자리에서 바로 먹을 수 있을 만큼 청정하다. 개금마을의 또 다른 특산물은 마다.

마을이 자리잡은 곳이 워낙 높은 곳이다보니 개금마을엔 여름에 모기가 없다. 17세에 이 마을로 시집을 와 61년째 살고 있는 이말순(78) 할머니는 "옛날엔 두루봉에 참나무가 많아 산에서 숯을 굽기도 했다"며 "당귀 등 약초가 많아 가야산에 자주 오른다"고 했다.

청정마을로 잘 알려진 개금마을은 거창군에서도 손꼽히는 장수長壽마을이다. 92세인 최고령 할머니를 비롯해 80, 90대 어르신들이 건강하게 살고 있다. 김사술(74) 할아버지는 "88세 노인도 농사를 지을 만큼 어르신들이 건강하다"며 "공기와 물이 좋고, 깨끗한 곳에서 자란 오미자와 마 등 건강식품을 많이 드시는 게 개금마을 어르신의 장수 비결"이라고 귀띔했다.

가야산 지킴이

김종성 목탁 장인

"목탁은 모양새가 암만 좋아도 소용이 없어요. 소리가 좋아야지요. 그러려면 목탁에 혼魂을 불어넣어야 합니다." 두리봉 아래 개금마을에서 평생 목탁을 만들고 있는 김종성(62·사진) 씨는 우리나라에서 손꼽히는 목탁 장인이다. 목탁의 재료는 100년 이상 묵은 살구나무 뿌리. 진을 빼기 위해 3년을 진흙에 묻어 두었다가 소금물에 적셔 가마솥으로 쪄낸 뒤 그늘에 사흘 동안 말린 다음 작업을 시작한다. 일주일을 꼬박 깎고 파고 다듬은 뒤 들깨 기름을 일곱 번 발라 완성한다. 목탁 하나 만드는데 3년 반이 걸린다는 게 김 씨의 얘기다. 작업실 벽에 걸린 '불평보다 인내를'이라는 액자가 그의 장인정신을 잘 대변해주고 있다.

정성과 혼이 들어간 그의 목탁은 공장에서 찍어내는 것과는 소리와 내구성 면에서 비교할 수 없을 정도로 훌륭하다. 해인사 등 전국의 큰 사찰은 물론 해외에서도 그의 목탁은 가치를 인정받고 있다. 그런 연유로 성철 큰스님으로부터 '성공成空'이라는 법명法名을 받기도 했다. 김 씨는 "목탁은 워낙 오래 쓸 수 있어 목탁을 만들어 돈을 벌기는 힘들다"며 "불심佛心 하나로 이 일을 해왔다"고 했다. 가장 어려운 작업인 골칼로 목탁의 구멍을 파는 그의 얼굴에서 목탁을 만드는 데 평생을 바친 장인의 아름다움과 끈기가 배어나왔다

단지봉~남산제일봉 능선길

• • • 우리 선조들은 산 봉우리에 이름을 붙이는 데 그다지 고민하지 않았다. 떡을 찌는 시루와 닮았다고 해서 시루봉, 스님들이 쓰는 대접인 바리때를 엎어놓은 것과 비슷하다고 해서 바래봉, 장군들이 쓰는 투구가 떠오른다 해서 투구봉 등 주변에서 볼 수 있는 물건에 연유해 그 이름을 지어줬다. 억지 춘향식으로 잔뜩 꾸미기보단 마음 가는 대로 살았던 선조들의 올곧은 심성을 산 봉우리 이름에서도 족히 짐작할 수 있는 것이다.

가야산에도 그 모양새에 따라 이름이 붙은 봉우리가 있다. 수차례 얘기한 것처럼 우두봉牛頭峰은 소의 머리를 닮았다고 해서 그 이름이 붙었고, 두리봉은 그 형상이 두루뭉실하다는 데서 이름이 유래됐다는 것이다(사방을 둘러볼 수 있다 해서 두리봉이라 했다는 얘기도 있음). 또 단지봉은 봉우리의 형상이 단지를 엎어 놓은 듯하다고 해서 그 이름이 붙었다.

단지봉에서 남산제일봉으로 가는 능선길에서 만난 소나무숲. 숲이 내뿜는 진한 향기를 맡으며 천천히 걸으면서 인생을 되돌아볼 수 있는 길이다.

높이 1028.6m인 가야산 단지봉. 가야산 정상인 칠불봉에서 남서쪽으로 약 6km정도 떨어져 자리 잡은 봉우리다. 단지봉에서 남산제일봉에 이르는 능선길은 가야산 전경을 두루 조망할 수 있고, 숲이 내뿜는 진한 향기에 젖을 수 있다. 다만 비지정 등산로여서 등산이 제한되는 것을 아쉬워하는 등산인들이 적지 않다.

보통 남산제일봉에 올라 하산 코스로 단지봉을 경유, 고운암으로 내려오지만 역순으로 등산로를 밟기로 했다. 날씨가 잔뜩 흐린 탓에 중간에 비를 만날 경우 되돌아올 것을 가정, 단지봉을 먼저 오르는 코스를 택한 것이다.

해인사버스터미널에서 상가 단지를 거쳐 500m쯤 올라가자 삼거리가 나온다. 오른쪽은 마장동을 거쳐 실버타운으로 이어지고, 왼쪽은 해인초

칠불봉 오르는 길에서 바라본 단지봉.

등학교를 거쳐 고운암으로 오르는 길이다. 중암이란 푯말을 따라가면 고운암이 나온다. 삼거리에서 고운암까지는 약 1km 거리로 차량 통행이 가능하다.

고운암은 가야산을 조망하기 좋은 위치에 자리 잡은 암자다. 고운 최치원이 말년에 이곳에서 초막을 짓고 살았다고 하며, 암자 이름도 그의 호를 땄다. 평일이어서인지 암자를 찾은 신도가 거의 없어 암자 분위기는 고즈넉하다. 고운암 왼쪽 골짜기로 들어선 후 단지봉으로 오르는 길은 사람이 자주 다니지 않아 숲이 무성하게 우거져 있다. 며칠째 비가 내려서인지 계곡은 물론 사람이 다녔던 흔적만 희미하게 남아 있는 등산로에도 물이 흘러내리고 있다. 비에 젖은 수풀을 헤치며 가파른 등산로를 따라 오른다. 고운암에서 단지봉까지는 40분 정도의 거리지만 길이 가파른데다 물기를 머금은 흙길 등산로 탓에 시간이 조금 더 걸렸다.

칠불봉, 우두봉, 남산제일봉 등 가야산을 대표하는 봉우리가 암봉인데 비해 단지봉은 흙으로 된 봉우리다. 단지를 엎어 놓은 것처럼 모양이 펑퍼짐한데다 주변에 나무가 우거져 있어 단지봉에 올랐지만 주변을 한눈에 조망하기 힘들었다. 표석으로 봉우리란 것을 짐작할 뿐이다.

단지봉에서 급경사 내리막길을 내려선 이후 남산제일봉까지의 '즐거운

능선 산행'이 시작된다. 어떤
때는 경사가 없는 평평한 길을
걷기도 하고, 어떨 때는 높이
100m 남짓한 고개를 넘기도
한다. 잔잔한 변화가 있어 지
루하지 않은 산행코스다. 물기
가 많은 땅엔 이름을 알 수 없
는 버섯들이 잔뜩 고개를 내밀
었다. 어른 손바닥보다 큰 놈
도 있고, 모양과 색깔이 아름
다워 독버섯으로 짐작되는 놈
도 보인다.

단지봉에서 남산제일봉으로
가는 등산로는 수많은 나무들
과 대화를 할 수 있는 길이기
도 하다. 하늘 향해 쭉쭉 뻗은
소나무들이 군락을 이룬 길에
서는 소나무와 정겹게 이야기
를 나누고, 한창 도토리가 여

단지봉~남산제일봉 산행길에서 만난 버섯 모양의 바위.

물어가는 참나무 길에서는 여름 날의 추억을 소곤거릴 수 있다.

또한 이 길은 사색의 길로 불러도 무방할 것 같다. 숲이 내뿜는 진한 향
기에 젖은 채 만나는 사람이 거의 없는 한적한 길을 천천히 걸으며 인생을
반추(反芻 · 되풀이하여 음미하고 생각함)하기에 그만이기 때문이다.

비지정등산로여서 안내표지가 없다는 것이 이 등산로의 유일한 단점이

랄 수 있다. 그러나 등산인들이 나무에 매달아 놓은 리본을 따라가면 길을
잃을 염려는 없다.

이넘이재, 날기재를 지나 남산제일봉까지 가는 등산로의 3분의 2 지점에
서 모양새가 범상하지 않은 바위를 만났다. 높이가 10m가 훌쩍 넘는 우람
한 바위가 다른 바위 위에 위태롭게 서 있다. 국립공원 가야산사무소에 물
어도 바위 이름을 모른다고 했다. 동행한 사진기자는 버선을 닮았다고 했
다. 반대쪽에서 찬찬히 살펴보니 국보인 '금동미륵반가사유상'의 얼굴을
닮기도 했다. 불교가 꽃을 피운 가야산에 딱 맞는 바위란 생각이 들었다.

오전 10시쯤 고운암을 출발, 낮 12시 30분 남산제일봉에 닿았다. 비가
흩뿌리는데다 안개마저 잔뜩 끼어 주변 풍경을 제대로 조망하지 못해 아
쉬웠지만 언뜻언뜻 드러나는 비경은 감탄성을 터뜨리게 했다. 빼어난 암
릉미를 자랑하는 남산제일봉에 오른 후 해인사관광호텔 쪽으로 하산했다.
트레킹 코스로 어디에 내놓아도 손색없는 산행길이란 생각이 들었다.

단지봉~남산제일봉 등산로

가야산 지킴이

장준열 가야산사무소 자원보전팀장

"산세가 수려한 가야산은 봄, 여름, 가을, 겨울 철마다 독특한 아름다움을 갖고 있습니다. 어느 계절에 오시더라도 가야산의 매력을 흠뻑 느낄 수 있지요." 국립공원관리공단 가야산사무소 장준열(55·사진) 자원보전팀장. 남산제일봉 밑 합천군 가야면이 고향인 그는 28년 동안 가야산 사무소에서 근무한 말 그대로 '가야산 지킴이' 다.

가야산을 손바닥 들여다보는 것처럼 잘 알고 있는 장 팀장이 꼽은 최고의 명소는 홍류동계곡. "홍류동계곡은 조선 8경의 하나로 꼽히지요. 홍류동의 홍자가 붉을 홍자가 아닌 무지개 홍자란 얘기도 있는데 실제로 농산정 부근의 폭포가 일으키는 물안개에 서리는 무지개는 무척이나 아름답습니다." 아기자기한 산세에 바위들이 불상을 닮아 천불산으로도 불리는 남산제일봉도 빼어난 아름다움을 지닌 곳이라는 게 그의 얘기다. 장 팀장은 "단지봉에서 남산제일봉으로 가는 오솔길도 참 좋다"며 "여러 가지 사정으로 법정탐방로로 지정되지 않아 아쉽다"고 말을 맺었다.

산세 빼어난 의상봉

• • • 산이 높고 물이 맑아 빼어난 산수 풍광을 자랑하는 경남 거창居昌. 경상 우도의 문향으로 곳곳에 문화유산이 즐비하고, 선비정신이 살아 숨쉬는 전통 문화의 고장이다. 특히 가야산, 덕유산, 지리산 3대 국립공원의 중심에 위치해 어느 지역보다 풍부한 관광자원을 갖추고 있다.

유달리 산이 많은 거창에서도 의상봉義湘峰은 산세가 빼어나기로 전국에서 유명하다. 가야산 서쪽 두리봉(1,133.4m)의 남쪽에 솟아 있는 의상봉은 가야산국립공원 남서단에 위치한 바위산이다. 별유산이라고도 부르는 거창군 가조면 수월리 우두산의 한 봉우리인 의상봉의 정상 부분은 가야산 국립공원에 포함돼 있지 않다. 우두산 상봉을 포함, 의상봉의 동쪽 고갯마루까지는 국립공원에 들어가 있으나 의상봉은 거창군에서 지정한 자연발생유원지로 돼 있는 것. 하지만 크게 보면 의상봉도 가야산권에 포함되고,

산의 풍광과 역사적 자취도 풍부해 '相生의 땅 가야산' 취재팀은 의상봉으로 발길을 내딛었다.

신라 고승 의상대사가 과거와 현세에서 참선한 곳이란 뜻에서 그 이름이 유래된 의상봉. 88고속도로를 타고 가조나들목에서 내리면 가조면 소재지에 닿는다. 면소재지에서 의상봉 산행기점인 고견사古見寺 주차장까지는 약 4km 거리. 왼쪽으로 맑은 물이 흐르는 고견천을 두고 5분 여를 달리자 주차장이 나온다.

주차장에서 산길은 세 가닥으로 나뉜다. 주차장 상단 왼쪽으로 보이는 등산로 안내판쪽 길을 따르면 장군봉(3.3km)을 거쳐 의상봉에 이르게 된다. 또 주차장 위 가겟집에서 고견사(1.5km)나 마장재(2km)를 거쳐 의상봉으로 오를 수도 있다. 고견사를 거쳐 의상봉으로 오르는 코스를 택했다.

나무 그늘이 우거진 등산로를 따라 5분 여를 올랐을까. 보기만해도 가슴이 시원해지는 폭포가 눈앞에 나타난다. 고견폭포다. 30m 높이에서 흰 물줄기가 그대로 소沼로 떨어져 내린다. 바위를 타고 흘러내리는 고견폭포는 여성스런 금강산 비봉폭포를 닮았다. 우람하다기보단 유려한 아름다움을 갖고 있다. 가파른 계곡을 따라 내려가 밑에서 폭포를 올려다봤다. 산 중턱에서 보는 것과는 색다른 멋을 안겨준다. 마치 물줄기가 하늘에서 뚝 떨어져 내리는 것 같다. 하늘에서 내려오는 선녀의 하얀 치맛자락이 바람에 날리는 모습이 이렇지 않을까싶다.

고견폭포를 지나면서 본격적인 산행이 시작된다. 돌이 많은 등산로는

의상봉을 오르는 길에 되돌아본 우두산의 모습. 코발트 빛 하늘과 흰 구름, 멋스런 암봉과 그 위에 자라는 나무가 자연에 대한 신비감을 불러 일으킨다.

계곡과 나란히 이어지거나 계곡을 가로지르기도 한다. 계곡 한 가운데엔 누군가가 세운 돌탑들이 많이 눈에 띈다. 중심을 잘 잡아 주먹만한 돌부터 작은 공깃돌까지 여러 개 돌을 절묘하게 쌓아놓았다. 돌탑을 세운 이의 정성스런 마음이 느껴졌다.

1시간 여를 오른 끝에 고견사에 도착해 마른 목을 축였다. 고견사는 신라 문무왕 7년(677년)에 창건된 고찰. 절 앞마당엔 수령 700년의 큰 은행나무가 서 있다. 높이 28m, 둘레 6m가 넘어 우람한 자태를 자랑한다. 고운 최치원이 심었다는 전설을 갖고 있다. 시원한 그늘을 드리운 은행나무 아래서 잠시 땀을 식힌 후 고견사 뒤로 보이는 의상봉을 향해 발걸음을 재촉했다.

고견사 법당 왼쪽 옆으로 난 계단길을 따라 계곡을 거슬러 오르면 거대한 암벽이 보인다. 암벽 아래 있는 제단에 초가 놓여 있는 것으로 미뤄 기도처임을 알 수 있다. 이 곳을 지난 뒤부터 산행코스는 급경사 오르막길이다. 더위가 가시지 않은 날씨에 어지러이 널린 바위들을 하나 하나 밟으며 급경사길을 오르는 것은 만만하지 않다. 금세 굵은 땀방울이 흘러내린다. 고견사에서 700여m를 오르자 고갯마루가 나타난다. 의상봉에 오르려면 이 고개를 넘어 의상봉의 북사면을 타야 한다. 200여m를 더 가니 삼거리가 보인다. 이곳에서 오른쪽 길이 의상봉으로 가는 길이다.

의상봉(1,046m) 정상은 예전에는 바위틈을 따라 위태롭게 올랐으나 8, 9년전 튼튼한 철계단이 놓여 누구든 정상 조망을 즐길 수 있다. 가파른 철계단을 따라 가쁜 숨을 몰아쉬며 철계단을 5분정도 오르자 드디어 의상봉

신라 고승 의상대사에서 유래한 의상봉은 강하고 부드러운 두 가지 아름다움을 갖고 있다.

정상에 닿는다. 100m가 넘을 듯한 거대한 바위가 꽃봉오리 형상을 한 의상봉 정상부는 생각보단 평평하다. 바위에 걸터앉아 주변 풍경을 조망하기에 그만이다. 남으로는 가조면의 평온한 모습과 차량들이 질주하는 88고속도로가 눈에 들어온다. 동으로는 우두산 상봉과 더 멀리 남산제일봉이 손에 잡힐 것처럼 다가온다. 북과 동으로는 가야산의 유려한 능선이 아스라히 펼쳐진다.

가까이 다가가는 것도 산의 아름다움을 느낄 수 좋은 방법이지만 멀리 떨어져 산을 그윽이 음미하는 것도 그 진면목을 제대로 체감할 수 있는 비결이다. 의상봉을 제대로 보기 위해 의상봉 동쪽 우두산 정상으로 향하는 능선을 탔다. 어느 순간 의상봉을 돌아보기 위해 뒤로 돌아서니 "아!"하는 탄성이 나왔다. 꽃봉오리 모양을 한 거대한 바위, 그 바위 사이에서 강인한 생명력을 이어가는 나무와 풀들, 철계단을 따라 오르는 사람들…. 자연과 사람이 하나가 돼 빚어내는 한 폭의 수채화였다.

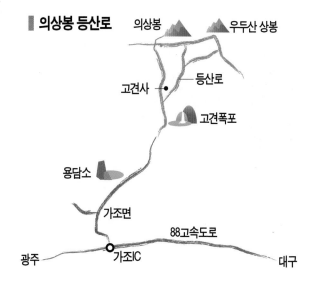

가야산 지킴이
권재경 가조면 개발담당

"아름다운 산들로 둘러싸인 분지에 거창군 가조면
이 자리잡고 있지요. 가조면은 물론 거창의 여러 산
가운데 의상봉은 그 아름다움에서 첫 손가락에 꼽히
는 산입니다." 거창군 가조면사무소 개발담당 권재경
(46 · 사진) 씨. 의상봉을 100여 차례 이상 오른 그는 무
심산악회 회장을 지내는 등 의상봉을 비롯한 거창군 명
산들의 등산로를 개척하고, 산을 홍보하는 데 앞장서고
있다.

"산이 아름다운 거창에서도 가조에는 의상봉, 비계산,
미녀봉 등 아름다운 산이 많아요. 최근에는 의상봉의 명성이 전국에 알려져
많은 사람들이 찾아오고 있습니다." 거대한 바위가 하늘 향해 불끈 솟은 그
모양새도 아름다울뿐만 아니라 고견사, 쌀굴 등 역사적 명소도 많다는 게 권
씨의 자랑. 그는 "가조에 오시면 의상봉 등 산행은 물론 수질이 뛰어난 가조
온천의 온천욕, 한우 등 입맛 당기는 먹을거리를 모두 즐길 수 있다"며 "많은
분들이 가조에 오셔서 웰빙의 멋과 맛을 느끼기를 바란다"고 말을 맺었다.

기묘한 바위와 암봉

• • • 사방 어디서든 '불꽃으로 일컬어지는' 기암봉(奇岩峰 · 기이한 모양의 바위와 그 바위들로 이뤄진 봉우리)을 볼 수 있다는 것이 가야산의 큰 매력이다. 그 중에서도 가야산 정상인 칠불봉을 기준으로 동쪽인 백운동에서 바라보는 모습은 압권이라 할 수 있다. 아침 해가 막 떠오를 때 황금색 또는 붉은색으로 물드는 가야산 바위들을 바라보노라면 황홀감마저 느끼게 된다. 근접하기 어려운 거대한 크기가 아니라, 적당한 크기로 갖가지 형상을 한 가야산 바위들에게서 우리는 자연의 경이로움을 실감하며, 절로 고개를 숙이게 된다.

만물상에서 상아덤을 오르는 길에 마주친 바위와 구름에 싸인 돈봉 능선.

‘비에 씻기고, 바람에 깎이고! ’

내 죽으면 한 개 바위가 되리라.
아예 애련愛憐에 물들지 않고
희로喜怒에 움직이지 않고
비와 바람에 깎이는 대로
억 년億年 비정非情의 함묵緘默에
안으로 안으로만 채찍질하여
드디어 생명도 망각忘却하고
흐르는 구름

머언 원뢰遠雷.

꿈 꾸어도 노래하지 않고,

두 쪽으로 깨뜨려져도

소리하지 않는 바위가 되리라.　- 유치환의 시 '바위'

잡다한 감정에 흔들리지 않고, 온갖 시련을 이겨내며 세상을 관조觀照하는 바위. 그렇기에 바위는 인간에게 동경과 경외의 대상이다. 나아가 사람들은 그런 바위를 닮고 싶어한다. 바위의 멋진 겉모양을 보는 것도 좋겠지만, 그 내면에 감춰진 모습을 통해 스스로의 삶을 반추해 보는 것이 바위를 제대로 감상하는 것이란 생각도 든다.

가야산 바위들에 대한 헌사獻詞 중 가장 널리 알려진 것은 이중환의 '택리지擇里志'. "가야산만이 뾰족한 돌이 줄을 잇달아서 불꽃같으며 공중에 따라 솟아서 극히 높고 빼어나다…. 나는 듯한 샘물과 반석이 수 십리에 걸쳐 있다"고 했다. 그의 글처럼 가야산엔 정상인 칠불봉을 비롯 우두봉, 남산제일봉, 만물상, 상아덤 등 기기묘묘한 바위와 그 바위들로 이뤄진 봉우리들이 저마다 아름다움을 자랑하고 있다.

'억겁의 세월이 녹아든 바위'

가야산 바위들의 나이는 몇십억 년을 훌쩍 뛰어 넘는다. 가야산국립공원에 대한 자연자원조사 결과에 따르면 가야산은 영남육괴에 속한다. 또 이 지역 지질은 소백산 편마암에 속하는 선캄브리아기의 반상변정편마암

상아덤 주변 엉덩이바위

과 흑운모편마암, 시
대 미상인 회장암 및
이들을 관입한 쥐라기
의 해인사화강암으로
이뤄져 있다는 것. 선先
캠브리아기는 46억 년
전부터 약 5억 7000만
년 전까지의 시대를,
쥐라기는 1억 8000만 년 전부터 약 1억 3500만 년 전까지를 일컫는다. 몇
십억 또는 적어도 수억 년의 세월 속에서 비와 바람, 햇빛에 깎이고 씻기
어 지금의 모습을 갖게 된 것이다.

가야산의 봉우리와 능
선별로 바위의 종류가 다
른 것도 재미 있다. 남서
~북동으로 연결된 우두
봉과 칠불봉, 동성봉 능
선은 회장암이 자리잡고
있다. 회장암은 색깔이
백색을 띠며 유리광택이
있고, 화산지대에서 많이
산출된다. 남산제일봉은
우리가 잘 아는 화강암,
백운동과 옥류동 계곡은

백운대 부근에 있는 얼굴에 투구를 쓴 모양의 얼굴바위.

해인사화강암으로 각각 구성돼
있다.

우두봉~칠불봉~동성봉 능
선은 회장암 암봉들이 능선을
따라 분포하면서, 차별풍화와
차별침식의 영향으로 요철凹凸
현상이 크게 나타난다. 불꽃 모
양의 봉우리가 만들어진 것도
이 덕분. 남산제일봉 능선은 정
상부를 따라 기둥바위가 연속
적으로 분포하고 있는 게 특징
이다. 백운동 계곡은 주변 능선

상아덤과 돈봉 능선에서 바라보이는 동자바위.

에서 생성된 풍화산물인 다양한 크기의 낙석들이 계곡에 너덜바위층을,
하상기반암상은 낙석들이 층층이 쌓여 여울이나 급류를 형성하고 있다.
홍류동 계곡은 하상기반암을 중심으로 폭호爆湖, 낙석, 암반 단애와 소규모
의 폭포 등 화강암지역에 나타나는 하상경관이 잘 발달돼 있다.

가야산 지킴이

김기수 상주군청 감사담당

"김천 수도산 단지봉에서 바라본 가야산 정상의 모습을 최고로 꼽고 싶습니다." 지난 2001년부터 가야산을 카메라로 촬영하는 데 심혈을 쏟고 있는 김기수(48 · 성주군청 기획감사실 감사담당 · 사진) 씨. 매달 3차례 이상 가야산을 찾아 산의 아름다움을 필름에 차곡차곡 담고 있다. 가야산과 더욱 가까워지기 위해 2005년엔 칠불봉이 보이는 가천면 법전2리 아전촌으로 주소를 옮길 정도로 가야산에 대한 애정이 남다르다.

"젊을 때부터 가야산에 자주 올랐지요. 가야산 곳곳을 누비며 정말로 아름다운 산이란 사실을 절감하게 됐습니다. 산의 숨겨진 비경과 그 아름다움을 기록하자는 뜻에서 사진을 찍기 시작했어요." 국립공원관리공단이 주최한 사진전에서 수차례 입상한 그는 "가야산은 어릴 때엔 동경의 대상이었고, 지금은 생활의 일부"라며 "4계절 중에는 겨울 가야산이 가장 볼만하다"고 얘기했다. 눈과 바위가 어우러진 설경과 고목에 맺힌 상고대 등 겨울 가야산이 사진으로도 가장 아름다움을 뽐낸다는 것이다.

죽전폭포~칠불봉 —보내는 만추…마음의 산길을 걷다

• • • 늦가을에서 초겨울로 넘어가는 시기가 되면 어김없이 마음이 쓸쓸해진다. 울긋불긋 도시를 물들였던 나뭇잎들이 하나둘 시들어 떨어지는 것을 보며, '세상에 영원한 것은 없다' 는 상념에 젖게 된다. 앙상한 가로수에선 처량함마저 느껴진다. 도시를 휘몰아치는 매서운 바람에 몸은 물론 마음마저 시려온다. 무상한 계절의 변화에다 또 한 해의 끝자락에 섰다는 처연(悽然·쓸쓸하고 구슬픈 모양)한 기분 탓에 마음은 더욱 착잡하다. "해놓은 것은 없이 또 한 해가 가는구나"란 자괴감에 마음이 더 무겁다.

쓸쓸한 마음을 쓰다듬어 주는 길!

모든 것이 마음 먹기에 달렸다지만 세상에서 가장 다스리기 어려운 게 바로 마음이다. 조그만 일이나 말에 상처받기도 하고, 어떨 때엔 세상을 다 얻은 것 같다가도 어느 순간 세상에 나 혼자뿐이란 생각을 들게 하는 것도 마음이 주관하는 일이다. 그렇기에 술을 마시거나 사랑하는 사람과의 대화를 통해 사람들은 쓸쓸한 마음을 달래려 한다. 쓸쓸한 마음을 달래는 데 여러 방법이 있겠지만 산을 찾는 것도 훌륭한 비법 중 하나다. 산은 사람의 마음을 달래주는 신비한 치유 능력을 갖고 있다.

성주군 가천면伽泉面 마수리馬水里. 가야산 정상 칠불봉의 북쪽에 자리 잡은 마을이다. 만수동萬壽洞이라고도 불리는 이곳은 난세 때마다 '정감록鄭鑑錄'을 믿고 많은 사람들이 은거하기도 했다. 옛 사람들은 난리를 피해 은거했지만 요즘 사람들에겐 마음을 달래는 데 안성맞춤인 곳이라 할 수 있다. 유려한 가야산 자락을 따라 자리 잡은 마을, 그 마을을 감싸안으며 우뚝 솟은 가야산, 청정한 기운이 감도는 계곡…. 도시생활로 찌들었던 마음의 때가 금세 씻겨 내려가는 듯하다.

죽전폭포 부근에서 가야산 칠불봉을 오르는 길에는 황금빛으로 물든 낙엽송이 등산객들을 정겹게 맞이한다.

마수리 서북쪽에 있는 죽전竹田폭포(일명 마수폭포) 부근에서 가야산 정상 칠불봉을 오르는 등산로는 호젓한 매력을 갖고 있다. 개방되지 않은 등산로여서 오가는 사람이 적고 철계단과 같은 인공시설도 전혀 없는 자연 그대로의 등산로다. 죽전폭포 부근에 차를 세우고 임도林道를 따라 산행에 나선다. 가야산에서 벤 나무를 옮기기 위해 닦아놓은 임도는 푸근한 느낌을 주는 흙길이다. 트럭이 다닐 정도로 넓지만 평일이어서 오가는 사람이 없다. 사색을 하며 걷기에 그만이다.

임도를 따라가는 등산로에서 가장 먼저 손짓하는 것은 낙엽송. 황금색으로 물든 높이 20~30m의 낙엽송 군락이 등산객을 정겹게 맞는다. 나무에서 떨어진 소나무 잎들이 임도를 뒤덮어 길도 황금색이다. 파란 가을 하늘을 배경으로 선 낙엽송의 황금색이 더욱 눈이 부시다. 예전에는 전신주나 집을 짓는 목재로 쓰였지만 지금은 땔감 외엔 쓰일 곳이 적어 베어가는 사람이 없단다. 그래선지 모두들 키가 크다.

황금빛 길을 걸으며 문득 로버트 프로스트의 시 '가지 않은 길'이 떠오른다. 이 시에 나오는 길도 이 임도처럼 '노란 숲 속'에 난 두 갈래 길이다. 두 길을 다 가지 못하는 것을 안타깝게 여기는 시인은 풀이 더 있고, 사람이 걸은 자취가 적은 길을 택해 걷는다. 그러면서도 가지 않은 길에 대해 시인은 끝내 미련을 버리지 못한다. 인생을 길에 비유한다면 사람들은 마음을 따라 그 길을 택해 걷지만, 누구나 가지 않은 길에 대한 아쉬움과 미련을 갖게 마련이다. 그런 이유로 이뤄지지 않은 사랑, 맺지 못한 인연을 더욱 애틋하게 여기는 것이 아닐까 싶다.

두 계절이 공존하는 가야산!

20여 분을 걸으니 커다란 계곡이 나온다. 아래쪽에 있는 죽전폭포로 흘러가는 계곡이다. 여기에서 임도를 버리고 계곡을 따라 난 희미한 등산로를 따라 올라가야 한다. 가파른 등산로에는 참나무 등 낙엽이 수북이 쌓였다. 무릎까지 푹푹 빠질 정도다. 계곡을 따라 걷는 등산로는 색다른 재미가 있다. 어떨 때엔 푸른 빛을 띤 산죽山竹을 헤치며 걷기도 하고, 어떨 때엔 우람한 바위들이 자리 잡은 너덜지대를 걷는다. 굴곡이 있는 인생이 드라마틱한 것처럼 등산로도 변화가 있어야 잔잔한 재미를 안겨 준다.

낙엽이 수북이 쌓인 길을 오르면 발 밑에서 낙엽들이 비명을 지른다.

어느새 계곡이 끝나고 오르막 길을 40여 분 정도 올랐을까. 남쪽으로 칠불봉이 올려다 보이는 작은 능선에 닿았다. 이제부터 본격적인 급경사 오르막길이다. 마른 목을 축이고, 다시 산행에 나선다. 양 옆

죽전폭포~칠불봉 등산로에서 유일한 이정표.

으로 펼쳐진 가야산 능선을 바라보
며 등산로를 걷다 보니 작은 이정
표가 보인다. 마수리에서 3.7km를
올라온 곳이다. 칠불봉까지는 아직
도 1km가 남았다. 이 이정표는 죽
전폭포에서 칠불봉을 오르는 등산
로에서 유일한 것이어서 더욱 반갑
게 여겨진다.

　가팔라지는 등산로를 따라 걷다
한순간 "아!"하는 탄성이 나온다.
올 겨울 들어 처음 보는 눈 때문이

소복하게 쌓인 눈. 가야산에는 가을과 겨울이 공존하
고 있다. 눈에 찍힌 정체 모를 짐승의 발자국.

다. 햇빛이 덜 비치는 가야산 북쪽 등산로를 걷는 덕분에 소복하게 쌓인 눈을 볼 수 있는 행운을 얻었다. 반가운 마음에 손안 가득 눈을 만져본다. 가야산 아랫자락은 만추晚秋이지만 해발 1천m를 넘는 이곳엔 벌써 겨울이 왔다. 가야산에는 두 계절이 공존共存하고 있다.

아이젠을 꺼내 신고 다시 눈으로 미끄러워진 바위를 오르며 산행을 계속한다. 온몸에 땀이 흐르지만, 그만큼 정신은 맑아오고 마음은 차분해진다. 고도가 높아질수록 칠불봉이 손에 잡힐듯 가까이 다가온다. 죽전폭포를 출발한 지 2시간 30분 만에 우두봉 옆 헬리콥터 착륙장에 도착했다. 포근한 산 아래와 달리 정상 부근에는 매서운 겨울 바람이 분다. 우두봉에 올라 보니 여름날 개구리들의 놀이터였던 우비정은 꽁꽁 얼었다.

드디어 정상인 칠불봉. 사방으로 확 트여진 시야에 눈은 물론 마음까지 시원해진다. 쓸쓸한 마음도 매서운 바람에 날려간다. 마음을 달래기 위해 오른 가야산. 산은 그 넉넉한 품과 청정한 기운으로 산에 오른 사람의 마음을 따뜻하게 어루만져 주었다.

제2부

가야산의 여름, 가을, 겨울, 그리고 봄

여름 —짙푸른 녹음……몸과 마음을 적시다

　　• • • 우리 민족처럼 산山을 좋아하는 민족이 또 있을까? 어진 사람은 산을 좋아한다는 인자요산仁者樂山이란 말이 인구에 회자되고, 금강산처럼 계절마다 산의 이름을 달리 부르며 각별한 애정을 표현하기도 한다. 산과는 떼려야 뗄 수 없는 끈끈한 유대를 맺고 있는 것이다. 등산인구가 1천만 명에 이를 만큼 우리 민족에게 산은 친구이며 애인 같은 존재다.

　4계절이 뚜렷한 우리나라에서 산은 계절마다 옷을 갈아입으며 사람들을 맞는다. 계절마다 달라지는 산의 모습에, 인간은 무한한 매력을 느낀다. 상생相生의 땅으로 일컬어지는 가야산도 계절에 따라 변화무쌍한 자태를 선보인다.

　동국대 총장을 지낸 지관智冠 스님은 자신이 편저한 '해인사지海印寺誌'에서 "가야산 사시의 변태는 천하절경"이라 했다. 스님이 든 가야산의 계절

별 매력은 춘계화(春溪花 · 계곡에 피는 꽃) 하녹음(夏綠蔭 · 푸른 잎이 우거진 나무 그늘) 추상풍(秋霜楓 · 서리 맞은 단풍) 동설송(冬雪松 · 눈이 내려 앉은 소나무)이다.

나뭇가지에 올라 더위를 피하는 가야산의 뱀.

스님의 칭송처럼 여름 가야산의 매력 중 하나가 푸른 잎이 우거진 나무 그늘이다. 만물상 능선을 가운데 두고 북쪽 용기골과 마주하고 있는 성주군 수륜면 심원골. 휴식년제 시행으로 입산이 통제되고 있는 심원골에 가면 녹음의 실체를 제대로 느낄 수 있다. 잣나무, 전나무, 소나무 등 아름드리 나무들이 하늘을 가릴 정도로 우거져 있다. 그 밑으로는 사람이 거의 다니지 않

백운동 용기골의 이름 없는 폭포. 힘차게 쏟아지는 폭포수에 더위가 저만치 달아난다.

여름에 가야산을 찾으면 구름과 산이 펼쳐내는 군무群舞를 볼 수 있다.

아 수풀이 무성하다. 녹음이 우거진 심원골을 걷다 보면 마음이 차분해지
고 머리가 맑아진다. 심원골뿐만 아니다. 백운동에서 정상인 칠불봉에 오
르는 등산로 역시 나무 그늘이 드리워져 있다. 따가운 햇볕을 받지 않고 짙
푸른 녹음에 몸과 마음을 적시며 산에 오를 수 있는 것이다.

일기 변화가 심한 여름에 등산을 하는 것은 유달리 힘이 든다. 하지만 변

나무 그늘이 우거진 서성재로 향하는 등산로. 짙은 녹음에 더위를 느낄 겨를이 없다.(상단)
아름드리 나무들과 수풀이 우거진 동성재 남쪽 기슭.(하단)

화무쌍한 여름 날씨 덕분에 가야산을 찾은 사람들은 산과
구름이 펼쳐내는 한바탕 춤을 구경할 수 있다. 흐렸다, 맑았다 하는 날씨 때
문에 구름은 짙푸른 산등성이를 타넘기도 하고, 산의 모습을 시야에서 사라
지게 한다. 그러다 어느새 구름은 저멀리 달아나고, 청신한 산의 모습이 눈
앞에 나타나는 것이다.

바위로 이뤄져 물이 많지 않은 가야산 계곡들도 비가 많이 내리는 여름
에는 포효를 터뜨린다. 백운동 용기골 곳곳에는 불어난 물로 폭포들이 생

겨나고, 바위를 타고 흐르는 물 소리는 듣는 것만으로도 시원하다. 땀을 식히기 위해 계곡 물에 손을 담그면 차가운 기운에 가슴이 서늘해진다. 그 차갑고 청정한 기운에 더위는 자취를 감춘다.

가야산 단풍 —형형색색 파노라마 그저 아름답다

• • • "아!" 하는 감탄사부터 터져 나온다. 대구 동구 K2 안에 있는 경북도소방항공대 소속 헬리콥터를 타고 대구를 출발한 지 10분여쯤 됐을까? 단풍으로 불이 붙은 가야산이 눈앞에 펼쳐진다. 정상인 칠불봉에서 시작한 단풍의 물결은 어느새 골짜기까지 뒤덮고 있다. 빨갛고, 불그스름하고, 노랗고 저마다 색色의 향연을 펼치는 단풍에 정신을 차리기 힘들 정도다. 벼에 불이 붙는다는 한자 '가을 추秋' 자처럼 가야산은 단풍으로 불이 붙었다.

지상으로부터 낮게는 수십m, 높게는 수천m 위에서 내려다본 가야산 단풍은 글로 형언하기 힘든 아름다움을 뽐내고 있다. 조물주의 지휘에 따라 일사불란하게 단풍의 군무群舞를 펼쳐내는가 하면 각각의 색깔과 모양으로 독주獨奏를 선보이기도 한다. 오르락내리락하는 헬기의 움직임에 따라 단

헬기에서 바라본 가야산 동성봉 능선의 단풍. 파도 치는 능선과 하얀 바위, 그리고 형형색색의 단풍이 한데 어우러져 가을의 정취를 뽐내고 있다.

풍은 물결을 이루며 춤을 춘다.

  칠불봉 동쪽 백운동 위를 선회하던 헬기는 기수를 높여 곧장 가야산 정 상부로 향한다. 칠불봉과 우두봉 부근 단풍은 조화의 아름다움을 갖고 있

파란 하늘을 배경으로 붉은 자태를 뽐내는 단풍.

계곡을 따라 흐르는 폭포와 빨간 단풍이
절묘한 조화를 이룬다.

다. 하얀 색의 바위들과 푸른 소나무들이 캔버스가 되
어주고 그 위를 신갈나무와 졸참나무, 갈참나무, 단풍
나무 등이 한데 어우러져 단풍 잔치를 벌인다. 울긋불
긋한 단풍 너머로는 파란 가을 하늘이 보색대비를 이뤄
주며 단풍을 더욱 돋보이게 한다. 조화의 아름다움을 넘어 더불어 사는 상
생相生의 지혜를 가을 가야산은 직접 몸으로 보여주고 있는 것이다.

칠불봉을 맴돌던 헬기는 가야산의 백미로 꼽히는 만물상 위를 난다. 그
옆으로 돈봉 능선과 동성봉 능선이 펼쳐진다. 파도 치는 능선들을 따라 기

가야산 단풍의 아름다움에 흠뻑 젖은 등산객들이 우두봉 부근에서 잠시 머물고 있다.

기묘묘한 바위들이 자리를 잡고, 그 바위들 사이사이로 형형색색의 물감을 흩뿌려 놓은 것처럼 단풍들이 화려한 자태를 자랑한다. 파노라마를 이룬 단풍의 물결이 눈 속으로, 그리고 가슴 속으로 파고든다. 어느 사이에 마음도 단풍으로 물이 든다.

천년고찰 해인사와 그 부속 암자들도 단풍의 물결에 휩싸여 있다. 사진작가들이 단풍 사진을 찍기 위해 자주 찾는 원당암은 빨간 단풍으로, 산 중턱에 자리 잡은 홍제암은 노란 단풍으로 물이 들었다. 용맹정진하는 스님들의 수행을 방해할까 걱정될 정도로 단풍의 빛깔은 고혹적이다.

가을 단풍은 자연이 가져다주는 커다란 선물 가운데 단연 첫 손가락에

천년고찰 해인사도 단풍의 향연이 한창이다.

꿉을 만하다. 잠시 일상에서 벗어
날 시간, 그리고 자연을 음미할
마음의 여유만 있다면 가야산 단
풍의 아름다움에 흠뻑 젖을 수 있
다. 30여 분 동안 헬기로 공중을
산책하며 그 아름다움을 실감한
가야산 단풍. 속이 울렁거린 것은
헬기를 탔기 때문이 아니라 단풍
의 향연에 취해서이리라.

바위 틈에 자리를 잡은 빨간 단풍이 고혹적이다.

상서로운 일출 —눈 쌓인 고요…여명의 칠불봉

이렇게 하여 여러 날이 지나는 동안에,

내 어지러운 마음에는 슬픔이며, 한탄이며, 가라앉을 것은 차츰 앙금이 되어

가라앉고,

외로운 생각만이 드는 때쯤 해서는,

더러 나줏손(저녁 무렵)에 쌀랑쌀랑 싸락눈이 와서 문창을 치기도 하는 때도

있는데,

나는 이런 저녁에는 화로를 더욱 다가 끼며, 무릎을 꿇어보며,

어느 먼 산 뒷옆에 바우섶(바위 옆)에 따로 외로이 서서,

어두워 오는데 하이야니 눈을 맞을, 그 마른 잎새에는,

쌀랑쌀랑 소리도 나며 눈을 맞을,

그 드물다는 굳고 정한 갈매나무라는 나무를 생각하는 것이었다.

-백석 시 '남신의주 유동 박시봉방' 중에서

산을 좋아하는 사람들은 유달리 겨울 산을 좋아한다. 흰 눈이 소복이 쌓여 있는 겨울 산은 산을 사랑하는 이들의 마음을 설레게 하기에 충분하다. 마음의 고향이자 어머니와 같은 존재인 산에, 정결한 눈까지 쌓이면 그곳은 세상 어느 곳보다 편안한 느낌을 안겨준다.

마음을 정화시켜주는 겨울 가야산!

'동설송冬雪松'이란 찬사를 받는 가야산. 모진 바람을 뚫고 가야산 정상인 칠불봉에 서니 추위에 귓바퀴가 떨어져 나가는 듯하다. 산을 올라오며 흘렸던 땀은 금세 사라지고, 추위에 온몸이 떨린다. '겨울의 한가운데 서 있다'는 생각이 절로 든다.

겨울에 가야산을 찾으면 모든 곳이 아름답지만 그 가운데 압권은 칠불봉에서 바라보는 우두봉의 설경이 아닐까 싶다. 소의 머리를 닮은 우두봉에 하얀 눈이 쌓이면 흰 소 한 마리가 엎드려 있는 듯한 장관이 펼쳐진다. 나뭇가지에 핀 설화雪花를 배경으로 우뚝 솟은 우두봉엔 신성한 기운마저 감돈다.

겨울 가야산은 시각적으로도 빼어난 경관을 선사하지만, 가장 큰 미덕은 마음을 깨끗하게 씻어주는 정화淨化 기능이다. 살을 에일 듯한 추위와 등골을 타고 흘러 내리는 땀방울을 동시에 느끼며 가야산을 오르다 보면 어느새 근심과 걱정, 스트레스가 한꺼번에 날아간다. 그 다음으로는 마음이 차분해지고 세상을 여유롭게 바라보게 된다.

'동설송(冬雪松)' 이란 찬사처럼 눈 쌓인 가야산 소나무들은 꿋꿋한 기상을 풍긴다

눈 내린 가야산을 오르며 문득 떠오르는 시詩 하나가 있다. 백석 시인의
'남신의주 유동 박시봉방南新義州 柳洞 朴時逢方' 이란 시다. 겨울 산을 찾은 사
람과 이 시에 나오는 주인공이 보여주는 마음의 행로行路가 비슷하다는 생
각이 든다.

시에 등장하는 주인공은 아내와 집도 없이 가족과 떨어져 추위가 몰아

치는 어느 목수의 허름한 방에 몸을 의탁한다. 좌절과 실의 속에서 삶의
방향을 찾지 못하고, 하릴없이 이리저리 외로움을 달래다 어느 사이 모든
것이 자신의 뜻보다 더 크고 높은 것(운명)이 있어 저절로 굴러가는 것이라
는 깨달음을 얻는다. 그리고 슬픔, 한탄을 삭이고 내면적으로 승화시키며
눈을 맞고 서 있는 '정한' 갈매나무를 떠올린다. 삶에 대한 포기와 체념이
아니라 겸허하게 운명을 받아들이며 삶에 대한 긍정적 의지를 다지는 것
이다. 힘겹게 겨울 산을 오르면 자신의 내면에 있는 삶에 대한 강렬한 의
지를 다시 발견할 수 있다.

희망을 찾아!

눈 쌓인 가야산에 고요와 정적만 흐른다. 겨울인데다 새벽시간이어서
인적을 찾아볼 수 없다. 존재하는 모든 것들은 침묵에 잠기고, 흐르는 시
간마저도 잠시 멈추어섰다. 산봉우리를 휘감는 겨울 바람만이 가끔 귓전
을 때린다.

우두봉에서 칠불봉
을 바라보니 동쪽 하
늘이 점점 붉어온다.
여명黎明이다! 드디어
붉은 해가 칠불봉 위
로 솟구쳐 오른다. 톱
니바퀴처럼 하늘 향해
치솟은 칠불봉에 살짝

칠불봉에서 바라본 눈 쌓인 우두봉. 설화를 배경으로 흰 소 한 마리가
엎드려 있는듯 하다.

우두봉에서 바라본 칠불봉의 일출. 톱니바퀴 형상을 한 칠불봉 위로 솟아오른 해에게서 상서로운 기운을 느낄 수 있다.

걸쳐 떠오르는 해는 신비롭고, 감탄을 자아내기에 충분하다. 이어 찬란한 햇빛이 가야산 정상부를 비롯해 흰 눈이 쌓인 능선과 골짜기 곳곳을 비춘다. 가야산에 상서(祥瑞·복되고 길한 일이 일어날 징조)로운 기운이 흘러 넘친다.

　사람을 두고 영적 존재라지만 누구도 내일이 어떤 모습일지를 알 수 없다. 다만 사람들은 오늘보다 내일이 나으리란 희망을 안고 오늘을 열심히 살아갈 뿐이다. 희망은 보다 나은 미래를 만드는 튼실한 자양분인 것이다. 가야산 칠불봉 해돋이를 보며 사람들의 마음 속에 희망이 가득하기를 두 손 모아 빌었다.

가야산 지킴이
이창우 성주군수

"가야산 일출은 그 어느 산보다 선명하고 붉어 장엄한 광경을 선사합니다." 대학생활을 제외하고 고희가 되도록 성주를 떠나본 적이 없다는 이창우(사진) 성주군수. 그는 "지금은 등산로가 백운동에서 정상으로 가는 길만 개방돼 있지만 청년시절인 1950~60년대엔 신계리 들리미~코배이재를 넘어 가야산을 오르며 마수동을 통해 정상을 찾았다"고 밝혔다. 또 "신계리에서 정상가는 길, 금강산 일부를 옮겨놓은 것처럼 빼어난 만물상과 동성봉 코스, 죽전폭포에서 정상가는 길 등 다양한 등산로를 개방하면 가야산을 찾는 사람들이 늘어나고 지역 경제에도 도움이 될 것"이라고 했다.

성주군은 등산로 개방을 위한 용역비 1억 원을 올 예산에 반영하고, 법수사·용기사 등 옛 대가람 복원에도 적극 나서고 있다. 국책사업인 가야문화권 개발과 연계한 가야산성 복원도 서두르고 있다. 이 군수는 "백운동 골프장 유치에도 힘을 쏟는 등 가야산의 보존과 개발이 '윈-윈' 할 수 있도록 조화를 이루겠다"고 얘기했다.

가야산의 봄 ─산·들마다 노랑 분홍 하양 '3색 향연'

　　• • •봄春의 어원에 대한 여러가지 해석이 있지만 동사 '본다
見'가 그 어원이란 주장에 기꺼이 한 표를 주고 싶다. 잿빛으로 대변되는
겨울과 달리 봄은 화려한 색의 향연을 펼쳐 사람들에게 많은 볼거리를 안
겨주기 때문이다. 노랗고, 하얗고, 붉은… 색의 군무群舞에 눈을 어디에 둬
야 할지 모를 정도로 봄은 화려하다.

　가야산의 봄을 찾아 나선 길. 가장 먼저 노란 색이 손짓한다. 너른 성주
들판에서 요즘 '위세를 떨치는' 색깔은 단연 노란색이다. 넘실거리는 바
다를 떠올리게 하는 비닐하우스에서 자란 참외들이 노란 옷을 입고 사람
들을 맞는다. 참외의 노란 색은 성주 사람들에겐 황금빛이기도 하다. 성주
를 대표하는 고소득 작물이다. 비닐하우스에서 정성스럽게 키운 참외를
따는 노부부의 얼굴에 봄 햇살이 따사롭다.

가야산 만물상 오르는 길에 만난 진달래. 바위 틈을 뚫고 꽃을 피운 진달래에게서 자연의 생명력이 느껴진다.

성주읍을 지나 가야산으로 가는 33번 국도. 길 양 옆으로 봄이 물결친다. 하얀 벚꽃과 노란 개나리가 마치 경쟁이라도 하듯 고운 자태를 뽐낸다. 멀리 산자락엔 분홍색 진달래가 고개를 내밀었다. 대도시에서 보는 개나리와 달리 가야산 가는 길에서 만난 개나리는 유달리 샛노랗다. 맑디맑은 공기와 물을 호흡하고 마시며 자란 탓이리라.

동굴 속의 얼음 기둥은 겨울이 사그라지는 것을 못내 아쉬워하는 듯하다.

수륜면 백운리에서 용기골을 따라 서성재로 오르는 길에도 봄이 절정이다. 가장 먼저 눈에 들어오는 존재는 갈수록 푸르름을 더해가는 신록. 골을 타고 내려온 봄 바람에 하늘거리는 연둣빛 신록이 눈과 가슴으로 들어온다. 깨끗하고 신선하고, 그리고 생기가 느껴진다. 수필가 이양하가 '신록예찬'에서 갈파한 것처럼 가만히 신록을 대하고 있으니 눈과 머리와 가슴이 청결하게 씻기는 것 같다.

얼음 녹은 물이 계곡을 흘러내리며 폭포를 이뤘다. 그 옆으로 진달래가 수줍은 봄처녀처럼 살짝 고개를 내밀었다.

가야산 정상 동남쪽에 자리잡아 볕이 잘드는 용기골에서는 겨울의 자취를 찾아보기 힘들다. 얼음 녹은 물이 계곡을 힘차게 흘러내리며 폭포를 만든다. 그 옆으로는 분홍색 진달래가 수줍게 피어 있다. 조금 더 오르니 노란 산수유도 만개했다.

심원사 뒤편 만물상을 오르는 길에서 만난 진달래에게선 새삼 자연의 경이로움이 느껴진다. 모진 비바람이 부는 산등성이 바위 틈을 뚫고 진달

옥계 상류인 성주군 가천면 신계리에서는 벚꽃과 버드나무, 그리고 진달래가 3색의 향연을 펼치고 있다.

래가 화려한 꽃망울을 터뜨렸다. 가야산 여신 '정견모주'의 전설이 깃든 상아덤 부근에서 땅을 헤치고 올라온 이름모를 보랏빛 야생화도 한창 봄빛을 머금었다.

수륜면을 돌아나와 가야산 북쪽에 자리잡은 가천면으로 발길을 돌린다. 대가천에 합류하는 옥계를 따라 올라가는 길, 신계리 부근에서 "아!"하는 탄성이 터져 나온다. 하얀 벚꽃과 푸른 버드나무, 그리고 분홍 진달래가 한눈에 들어오며 삼색三色의 향연을 펼친다. 보색대비를 이루는 색의 향연에 잠시 발길을 멈출 수밖에 없다. 상생과 조화의 아름다움을 고스란히 보여준다.

정상으로부터 5부 능선 아래로는 봄이 한창이지만 그 위로는 아직 겨울이 서성거리고 있다. 가야산 정상의 북사면에는 4월 중순이지만 흰 눈이 그대로 쌓여 있다. 이달 초 가야산에 올랐을 때 만난 우람한 소나무들은

용기골을 노란색으로 물들이고 있는 산수유.

머리에 잔뜩 흰 눈을 이고 있었다. 햇볕이 들지 않는 동굴에는 얼음 기둥이 아직 그대로 남아 있다. 가야산 북사면에는 봄과 겨울, 두 계절이 더불어 살아가고 있다.

살포시 고개를 내민 야생화엔 싱그런 봄의 기운이 충만하다.

제3부

폭포와 계곡, 골짜기

숨겨진 가야산 폭포들

　　• • • 중국 당나라 이백李白이 쓴 시 '망여산폭포(望廬山瀑布 · 여산폭포를 바라보며). 폭포를 노래한 동서양의 여러 시 가운데 단연 백미白眉로 꼽히는 작품이다. 특히 '비류직하삼천척(飛流直下三千尺 · 물줄기 내리쏟아 그 길이 삼천 자) 의시은하락구천(疑是銀河落九天 · 하늘에서 흘러내리는 은하수와 같구나)' 란 시구는 시선詩仙으로 추앙받는 이백만이 토해낼 수 있는 절창絶唱으로 평가받는다. 폭포에 대한 묘사가 이렇게나 크고, 담대하고 아름다울 수 있을까란 생각이 들 정도다.

　　폭포엔 사람의 가슴을 뻥 뚫어주는 그 무언가가 있다. 금강산 구룡폭포, 개성 박연폭포, 설악산 대승폭포 등 장쾌하게 쏟아져 내리는 폭포를 마주하면 몸과 마음이 시원해진다. 특히나 무더위가 기승을 부리는 여름, 폭포는 더위를 쫓아주는 것은 물론 마음의 찌꺼기마저 씻어주는 청량제다.

용수폭포, 그 장쾌한 얼굴 드러내다

"아니 그런 폭포가 정말 있단 말입니까?" 김태봉 전 성주산악회장으로부터 가야산에 높이가 50m에 이르는 폭포가 있단 말을 듣고 믿어지지 않아 부지불식간 튀어나온 말이었다. 그런 폭포가 있다면 왜 사람들에게 잘 알려지지 않았을까란 의구심부터 생겼고, 성주군이나 가야산 국립공원관리사무소에서 만든 지도에서도 보지 못한 터였다.

결론부터 말하면 김 전 회장의 이야기는 거짓이 아니었다. 우리나라 폭포 가운데 열 손가락안에 꼽힐 만한 웅장하고, 아름다운 폭포가 가야산에 꼭꼭 숨어 있었다.

성주군 가천면 소재지를 출발, 포천계곡으로 많이 알려진 옥계玉溪를 따라 놓인 903번 도로를 달리면 신계리가 나온다. 남으로는 톱니바퀴 같은 형상을 한 가야산 정상 칠불봉, 북서쪽으로는 그 이름이 정겨운 형제봉에 둘러싸인 경치 좋고 푸근한 느낌을 주는 곳이다.

신계리에서 서쪽으로 차 하나가 겨우 지나갈 만한 길을 따라 5분 정도를 가면 더 이상 차가 갈 수 없는 산길이 나타난다. 여기서부터 20분 정도를 걸어 올라야 폭포를 만날 수 있다. 용수폭포는 아랫마을 주민이나 일부 귀 밝은 등산객들이 찾는 숨겨진 곳이어서 가는 길이 순탄하지 않다. 우거진 수풀을 헤치며 희미한 등산로를 따라 걷거나 계곡을 가로질러야 한다.

거대한 흰 포물선…계곡이 쩌렁쩌렁

용수폭포는 우렁찬 포효로 그 존재를 알렸다. 쏟아져 내리는 물줄기가 바위와 소沼에 부딪치는 소리가 계곡을 쩌렁쩌렁 울린다. 어림짐작으로도 폭포는 족히 그 넓이가 15m, 높이는 40m를 넘을 것 같다. 겨울에 폭포가 얼었을 때엔 높이가 50m에 이른다는 주민들의 얘기에 수긍이 간다. 20m가 넘을 것으로 보이는 폭포 윗부분은 60~70도의 바위를 타고 흐르며, 폭포 아래쪽은 15m 아래에 있는 소로 곧장 떨어진다. 규모가 워낙 크다 보니 폭포를 한눈에 조망하는 것조차 불가능하다.

먼저 폭포 윗부분부터 살펴봤다. 커다란 바위 하나가 계곡에 누워 폭포의 무대가 되어주고 있다. 계곡을 흘러온 물은 넓적한 바위를 타고 흐르며 흰 포말을 일으킨다.

세상에 거의 알려지지 않아 청정함을 유지하고 있는 가천면 용수폭포는 그 높이가 족히 40m가 넘는 크고 아름다운 폭포다.

용수폭포 상단

흰 포물선을 그리며 아래로 떨어지기도 하고, 바위를 타고 흐르면서 햇빛 아래 영롱한 물방울을 일으킨다. 바위에 걸터앉으면 폭포가 일으키는 물 안개에 더위를 느낄 겨를이 없다.

　용수폭포의 아랫부분을 보려면 길을 다시 돌아나와 계곡을 따라 다시 올라가야 한다. 폭포 윗부분에서 아래쪽으로 가는 길은 벼랑이어서 접근 이 불가능하기 때문이다. 폭포 윗부분이 여성적인데 비해 아랫부분은 남 성적이다. 거대한 물줄기가 포물선을 그리며 곧장 아래로 떨어져 내린다. 수식이 없는 단순하고 강한 아름다움을 갖고 있다. 폭포수에 발을 담그니 차가운 기운에 1분 이상 버티기가 힘들다. 용수폭포를 안내한 김태봉 전 회장은 "사람들에게 거의 알려지지 않아 청정한 모습을 간직하고 있는 폭 포가 계속 깨끗하게 유지되기를 바란다"고 했다.

125

▲가야산 정상 칠불봉에서 내려온 물이 쏟아져내리는 죽전폭포
는 여름 피서지로 각광받고 있다.
◀만귀정폭포는 주변과 조화를 이루며 절제된 아름다움을 뽐낸다.

만귀정폭포와 죽전폭포

용수폭포의 감흥을 가슴에 담고, 같은 신계리에 있는 만귀정폭포를 찾았다. 만귀정晚歸亭은 조선후기 성리학자이자 대신인 응와凝窩 이원조李源祚가 60세에 벼슬에서 스스로 물러나 낙향한 후 수양과 함께 학문을 가르치기 위해 지은 정자다. 그 정자 앞에 만귀정폭포가 있다. 폭 10m, 높이 6, 7m에 이르는 이 폭포는 야성적인 모습의 용수폭포와 달리 정제된 아름다움을 선보이고 있다.

만귀정폭포에서 법전마을을 지
나 죽전竹田폭포에도 들렀다. 마
수리의 서북쪽에 있는 이 폭포
를 흔히 마수폭포라 부르고 있
지만 죽전폭포가 정확한 이름.
폭포의 맞은 편 동굴은 비를 피
할 수 있는 장소가 되어주고 있는

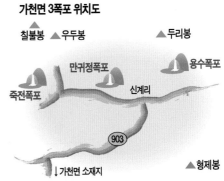

가천면 3폭포 위치도

칠불봉 ▲우두봉 ▲두리봉

만귀정폭포 ▲용수폭포
죽전폭포 신계리
903
↓ 가천면 소재지 ▲형제봉

데, 여기에 죽전대라 음각돼 있는 것을
보면 죽전폭포가 타당하다는 것. 가야산에서 흐르
는 물이 주위의 대나무밭을 거쳐 흐른다고 하여 죽전폭포라 했다는 이야
기도 있다. 8, 9m 높이에서 아래로 쏟아지며 세찬 회오리를 일으키는 폭
포 앞에 서니 여름이 저만치 달아나 버렸다.

가야산 지킴이
최경환 씨 성주 가천면 신계리

"용수폭포가 있는 곳엔 커다란 돌이 많은데 용수덤이라 부르지요. 용수폭포란 말도 바로 용수덤에서 연유했다고 봅니다." 50m폭포, 5층폭포, 용쉼터폭포 등 다양하게 불리는 용수폭포에 대해 폭포 아래 가천면 신계리에 사는 최경환(70) 씨는 용수폭포가 정확한 이름이라고 했다.

겨울이면 용수폭포가 얼어붙어 그 높이가 50m를 넘는다는 최 씨는 용수폭포 부근에서는 더위를 느끼지 못할 정도로 시원해 동네 주민들의 오랜 피서지라고 귀띔했다. 폭포는 절터골, 복골로 불리는 두 계곡에서 모인 물이 한꺼번에 쏟아져 내리며 장관을 연출하고 있다. "60년대까지 절터골에는 화전민들이 콩을 재배하며 살았지요. 그 이후부터 지금까지는 동네 주민들이나 찾는 곳이어서 용수폭포는 깨끗하게 보전되고 있어요." 가야산 정상을 50차례나 오를 정도로 평생을 가야산과 함께 살고 있는 최 씨는 "신령스런 기운을 갖고 있는 가야산은 오르면 마음이 푸근해지는 명산"이라고 얘기했다. 특히 성주, 김천, 합천, 거창 등 4개 시군의 접경지에 해당하는 가천면에는 용수폭포, 만귀정폭포, 죽전폭포 등을 비롯해 가야산의 아름다움을 느낄 수 있는 숨은 명소가 많다는 게 최 씨의 자랑이다.

옥계(玉溪)를 찾아서 - 맑은 물 소리 옥구슬 구르듯

• • • 우리 선조들은 아름다운 계곡을 보면, 곧잘 보석인 옥玉에 비유하곤 했다. 옥구슬처럼 맑고 푸른 물이 흐른다고 해서 금강산의 한 계곡에 옥류동玉流洞이란 이름을 붙이는 등 전국에는 유달리 옥자가 들어간 계곡이 많다. 가야산에도 옥자가 들어간 계곡이 있다. 바로 '옥계玉溪' 다. 맑고 깨끗한 물이 계곡의 반석을 흘러가는 모양이 옥구슬이 굴러가는 것과 같다고 해서 이 같은 이름이 붙은 것이다. 옥계를 따라 걷다 보면 명경지수明鏡之水의 선경을 보여 주는 계곡에 딱 들어맞는 이름이란 결론을 내릴 수밖에 없다.

옥계의 맑은 물이 바위 위를 흐르며 하얀 포말을 일으키고 있다. 물이 흘러가는 하얀 바위가 베와 같다고 해서 포천계곡이란 이름이 붙었다.

포천계곡, 화죽천, 대실계곡으로 부르기도

옥계라고 하면 대구 사람들은 물론 성주와 연고를 맺고 있는 사람들도 잘 모를 것이다. 많은 사람들이 '포천布川계곡'으로 알고 있는 곳이 바로

옥계이기 때문. 여러 지도에는 옥계가 아닌 '화죽천'으로 나와 있다. '대실계곡'으로 부르는 사람들도 있다. 한 계곡을 두고 왜 이 같은 일이 빚어지고 있을까?

성주의 옛 모습을 기록한 '경산지京山志'를 보자. 이 책 산천조山川條에 보면 "옥계의 근원이 가야산 북쪽에서 나온다. 동으로 십여 리를 흘러 가천과 합친다"고 나와 있다. 여러 옛 기록에 자주 나오는 옥계천도 바로 옥계를 일컫는 것이다.

포천계곡이란 명칭은 맑디 맑은 물이 흐르는 하얀 바위가 흡사 베의 빛깔과 비슷하다는 데서 유래됐다. 특히 말년에 벼슬에서 스스로 물러나 옥계 상류에 만귀정을 짓고 후학을 양성한 응와凝窩 이원조李源祚가 옥계의 여러 풍경을 노래한 '포천구곡布川九曲'이란 시를 지으면서 옥계 대신 포천계곡이란 명칭이 자리를 차지한 것으로 추정된다. 도로 안내판이나 여러 지도에도 포천계곡으로 표기돼 있다. 화죽천은 가천면의 한 마을인 화죽리에서 유래한 것으로 여겨진다. 이덕주 성주향토사연구회 부회장은 "흔히들 옥계를 두고 제2의 불영계곡이라 하거나 포천계곡, 대실계곡, 신계용사계곡이라 하는 것은 옳지 않다"며 "옥계란 아름답고 예쁜 이름을 찾아줘야 할 것"이라고 했다.

7km 계곡에 펼쳐진 비경들!

　계곡의 이름에 대한 얘기는 각설하고 옥계의 아름다운 풍경에 푹 빠져보자. 가야산 북쪽인 가천면 신계리에서 시작하는 옥계는 약 7km를 흘러 대가천에 합류한다. 903번 지방도를 따라 신계리로 가면 왼쪽으로 아름다운 옥계가 펼쳐진다. 상류인 신계리 부근에서 올려다본 가야산은 울긋불긋한 단풍으로 한창 물이 들었다. 백운동에서 보는 가야산 단풍과 쌍벽을 이룰 정도로 아름답다.

　신계리 토박이 심만권 씨의 안내로 옥계에서도 가장 빼어난 풍광을 자랑하는 '너리바위'(넓은 바위라는 뜻으로 경상도 사투리가 정감이 있음)를 찾았다. 신계리에서 가천면 쪽으로 약 1km 정도를 내려오는 곳에 있는 너리바위는 옥계에서도 여름이면 사람들이 가장 많이 몰려드는 명소다. 폭이 20여m가 되는 계곡 전체에 커다란 바위 하나가 떡하니 자리를 차지하고, 그 바위 위로 맑은 물이 흘러내린다. 그 밑으로는 푸른 웅덩이가 자리잡았다. 수십여 년 전에는 너리바위 계곡의 양 옆으로 아름드리 소나무가 짙은 그늘을 드리웠다는 게 심 씨의 귀띔이다.

　응와 이원조는 시 '포천구곡'에서 너리바위와 주변의 풍광을 생생하게 묘사하고 있다. "넷째 구비 솟은 바위 그 사이 흐르는 물, 꽃과 나무 얼기설기 온 산을 덮었구나. 너럭바위 한 자락은 씻은 듯이 놓였는데, 신선이 사시는 집 푸른 못을 굽어보네."

　너리바위에서 상류 쪽으로 200m를 올라가면 포천이란 이름이 유래된 곳도 만날 수 있다. 계곡의 물이 평평한 바위를 타고 10여m를 흐르며 하

넓고 큼직한 바위와 그 위로 흐르는 계곡의 물이 어우러진 너리바위는 옥계에서도 가장 손꼽히는 비경이다.

얀 포말을 일으킨다. 하얗고
평평한 바위가 광목천과 같다
고 해서 포천布川이란 계곡의
이름을 붙였고, "그 빛이 해인
사는 물론 서울의 남대문까지
환하게 했다"는 전설도 생겨
났다는 것이다.

옥계 상류의 작은 여울. 물 위에 떨어진 낙엽이 소용돌이 치고
있다.

구이폭이란 글이 바위에 새겨진 만귀정 부근의 모습. 두 줄기로 흘러내리는 폭포와 수조 모양의
웅덩이가 절묘한 조화를 이룬다.

자연의 신비, 구이폭!

너리바위와 더불어 옥계에서 비경을 자랑하는 곳이 만귀정晩歸亭 앞 계곡이다. 정자 앞을 흐르는 폭포와 계곡은 가을 빛을 머금고 있다. 울긋불긋한 단풍을 자랑하는 나무들 아래로 폭포가 흘러내리고, 계곡에는 낙엽이 흩어져 있다. 그 뒤로 단풍이 절정인 가야산 정상 칠불봉의 모습이 눈에 들어온다.

만귀정 앞 계곡을 따라 하류로 50여m를 더 내려가면 숨겨진 비경을 만나게 된다. 만귀정이나 도로에서는 보이지 않는 곳이어서 못보고 가는 사람들이 많다. 7, 8m에 이르는 폭포가 두 갈래로 떨어지고 그 밑으로 길이 15m, 폭 4m정도 되는 사각형에 가까운 수조(水槽·물을 담아 두는 큰 통) 모양의 웅덩이가 있다. 깊이가 3m가 됨직한 물은 푸른 빛을 띠고 있다. 수조 양쪽으로는 깎아지른 절벽이 있고, 수십여 명이 앉을 수 있는 평평한 공간도 있다. 동쪽 절벽에는 구이폭九二瀑, 제일계산第一溪山이란 글씨가 새겨져 있다. 신선이 놀다갈만한 곳으로 손색없는 비경이란 생각이 든다.

가야산 지킴이
심만권 가천 신계리 이장

"반세기 전 포천계곡은 정말 아름다웠어요. 계곡 양 옆으로는 아름드리 소나무가 짙은 그늘을 드리우고, 수십여 명이 앉아도 될만한 평평한 바위 위로는 맑은 물이 흘렀지요. 손으로 잡을 정도로 물고기도 참 많았습니다." 많은 사람들이 포천계곡으로 부르는 옥계 상류에 자리잡은 가천면 신계리 이장을 맡고 있는 심만권(68 · 사진) 씨. 이 마을에서 태어난 그는 대구에서 산 8년을 빼고 60년을 가야산, 그리고 옥계와 함께 한 산 증인이다.

"해가 지면 거의 다니지 못할 정도로 포천계곡은 숲으로 우거졌었지요. 밤에는 눈에서 불이 번쩍이는 동물도 봤는데 어르신들 말씀으로는 호랑이라고 하더군요." 6 · 25 이후부터 옥계의 생태계는 급속도로 파괴됐다. 매일 트럭 10여 대가 계곡에 들어와 아름드리 소나무를 베어 고령으로 실어 날랐다. 그 결과 계곡을 뒤덮던 소나무 숲은 거의 사라졌고, 80년대 계곡을 따라 지방도가 생기면서 계곡은 더욱 더 옛 모습을 잃었다는 게 심씨의 얘기다. 심씨는 "옛 모습이 많이 사라졌지만 포천계곡은 전국 어디에 내놓아도 손꼽힐만한 명소"라고 얘기했다.

홍류동계곡

• • • 계곡을 흐르는 물은 푸르지 않다. 붉고 노란 색깔이다. 물 위에 드리운 울긋불긋한 단풍을 닮아 계곡의 물도 만추晚秋의 빛깔을 머금었다. "후두둑"하고 떨어진 낙엽들은 물을 따라 떠다닌다. 단풍과 계곡은 하나가 돼 울긋불긋한 색의 향연을 펼친다.

가을이면 계곡의 단풍이 너무 붉어 흐르는 물마저 붉다고 해서 그 이름이 붙은 가야산 홍류동紅流洞계곡. 진달래와 철쭉이 피는 봄, 하얀 눈이 계곡을 뒤덮는 겨울, 천년 노송이 푸름을 더하는 여름도 좋지만 홍류동의 가을을 단연 백미라 할 수 있다. 단풍으로 계곡의 물빛까지 붉게 물들이는 가을 홍류동은 합천 8경 중 3경으로 꼽힐 정도로 명성이 자자하다.

가야산 어귀에서 시작한 홍류동계곡은 해인사 입구까지 약 4km를 흐른다. 10리에 이르는 보석처럼 아름다운 계곡이다. 계곡 양 옆으로 청정한 기운을 뿜어내는 천년 노송들이 위엄있게 자리를 잡고 단풍나무와 떡갈나무, 상수리나무 등이 한데 어우러져 짙은 그늘을 드리운다. 특히 가을이면 푸른 소나무와 붉고 노란 활엽수들이 보색대비를 이뤄 홍류동의 가을을 더욱 돋보이게 한다.

그리고 골짜기를 메우고 있는 흰 너럭바위들과 그 사이를 따라 흐르는 맑디맑은 옥류玉流. 계곡 곳곳을 들썩이며 세차게 흘러내리는 야트막한 폭포와 선녀들의 목욕탕처럼 움푹움푹 패인 소沼도 아름답다. 여름이면 금강

단풍도 붉고, 계곡의 물도 붉고, 그것을 바라보는 사람의 마음도 붉어지는 삼홍의 정취를 선사하는 가야산 홍류동계곡.

산 옥류천과 맞먹을 만큼 비경을 자랑한다고 해서 홍류동계곡을 옥류천이라고도 부른다. 어떤 이들은 홍류동계곡을 지리산 칠선계곡, 설악산 천불동계곡, 한라산 탐라계곡과 함께 한국 4대 계곡의 하나로 꼽기도 한다.

청정한 기운과 상생의 덕을 지닌 가야산의 정기가 녹아 흐르는 홍류동계곡의 가장 큰 매력은 속진俗塵의 때를 씻어버릴 수 있다는 것이다. 가야산과 떼려야 뗄 수 없는 인연을 맺은 고운孤雲 최치원崔致遠의 숨결을 지닌 홍류동 농산정籠山亭. 불혹의 나이에 속세를 버리고 가야산에 들어온 최치원은 여기에 머물며 시로 시름을 달래고 자연의 아름다움을 노래했다.

농산이란 정자의 이름을 따온 그의 시에는 속진으로 물든 세상을 바라보는 그의 담백한 시선과 청정한 자연에 대한 지고지순한 애정을 느낄 수 있다.

'바위 골짝 치닫는 물 첩첩산골 뒤흔드니/ 사람 말은 지척에도 분간키 어려워라/ 세속의 시비 소리 행여나 들릴세라/ 흐르는 계곡물로 산 둘러치게 했나 狂奔疊石吼重巒 人語難分咫尺間 常恐是非聲到耳 故教流水盡籠山'.

솔 숲 사이로 흐르는 물이 기암괴석에 부딪치는 소리가 너무나 고와 최치원은 매일 그 물소리를 듣다 그만 자신의 귀가 먹는 줄도 몰랐다. 그렇게 물소리만 듣고 있던 그가 어느 날 이 홍류동계곡에 갓과 신발만 덩그러니 남겨두고, 신선이 되어 홀연히 사라졌다는 전설도 있다. 농산정 맞은 편 커다란 바

▲고운 최치원의 숨결이 서린
농산정은 홍류동에서 가장 빼
어난 풍광을 자랑한다.

◀홍류동 계곡을 따라 해인사로
가는 길을 따라 붉은 단풍이
피었다.

위에는 신선이 되었다는 최치원이 새긴 글씨가 또렷하게 남아 있다. 천 년
이란 세월이 흘렀지만 그의 숨결과 정신은 시공을 초월해 홍류동을 찾는
이들을 깊은 감회에 젖게 만든다. 농산정 외에도 축화천, 무릉교, 칠성대,
취적봉, 자필암, 낙화담, 용문폭포 등 홍류동 곳곳이 두루 절경이다.

우리 선인先人들은 사람이 자연과 하나가 되는 것을 최고의 경지로 여겼다. 스산한 가을 바람 속에서 하루하루 만추의 정취를 더해가는 홍류동계곡. 단풍도 붉고, 물도 붉고, 그 모습을 바라보는 사람의 마음도 붉어지는 삼홍三紅의 정취를 선사한다. 나무와 물과 사람이 하나가 되는 물아일체物我一體의 경지라 해도 무방할 것 같다. 그런 이유로 홍류동계곡의 단풍은 다른 어느 곳보다 더욱 아름답게 다가온다.

가야산 지킴이
홍순식 치인리 이장

통일신라말 기울어져 가던 나라를 바로 세우는 데 좌절한 고운 최치원은 가족들을 데리고 가야산으로 은거했다. 가야산의 진가를 1,100여 년 전에 벌써 알아보고, 은거지로 삼은 것. 홍류동계곡을 중심으로 산까닭에 농산정 외에 최치원과 얽힌 유적이 곳곳에 있다. 집단시설지구가 들어서 있는 치인리縉仁里도 마찬가지다. 원래는 최치원의 이름을 따 치원致遠이었으나 그후에 치인致仁을 거쳐 지금의 지명으로 바뀌었다는 것이다. 지명에도 최치원의 흔적이 남아 있는 셈.

치인리 이장을 맡고 있는 홍순식(66 · 사진) 씨는 홍류동 계곡과 최치원에 대한 자부심이 누구보다 각별하다. "홍류동계곡은 굳이 자랑을 하지 않아도 전국에 소문난 명소이지요. 해인사를 찾는 분들이 아름다운 계곡을 보고 감탄을 많이 하시지요. 특히 고운 선생님의 자취가 곳곳에 남아 있어 역사성을 갖춘 계곡이기도 합니다." 사시사철 물이 좋고, 깨끗하고 짙은 숲도 홍류동계곡의 매력이라는 홍씨는 "홍류동계곡을 찾는 분들이 마음 편하게 쉬다 가실 수 있도록 노력하겠다"고 얘기했다.

심원골과 심원사 – '海東 명당' 천년가람 골골이 청정 비경

• • • 인자仁者나 군자君者의 덕이 뛰어남을 높은 산이 솟고 큰
강이 흐르는 데 비유한 산고수장山高水長! 사람을 두고 이 말을 적용하는 게
보통이지만 산을 의인화擬人化해 이 표현을 쓸 수도 있을 것이다. 그런 면에
서 가야산은 산고수장이란 말이 딱 들어맞는다고 할 수 있다. 1천433m에
이르는 칠불봉을 비롯해 타오르는 불꽃 모양의 봉우리들이 우뚝 솟아 있
고, 백운동과 홍류동 등 맑고 아름다운 계곡들이 곳곳에 자리를 잡고 있기
때문이다. '땅의 덕地德이 해동 제일'이라는 옛 기록들도 가야산이 산고수
장한 곳이란 사실을 여실하게 뒷받침해주고 있다. 수장水長에 해당되는 가
야산의 여러 계곡과 골짜기 가운데 빠트려서는 안 될 곳이 심원골이다. 잣
나무가 무성했던 심원골은 자연 그대로의 모습이 잘 보존돼 있고, 명당자
리로 이름난 터에 심원사가 복원돼 있다.

상아덤에서 바라본 돈봉 능선과 심원골은 기기묘묘한 바위와 울창한 숲이 조화를 이루며 청정한 기운을
내뿜는다. 왼쪽이 심원골. 눈 덮인 능선과 설화가 보는이들을 환상의 세계로 이끈다

조망이 일품인 심원골 등산로!

심원골 코스는 1987년 백운동 지구가 생기면서 본격적으로 조성된 등산
로다. 동남쪽으로 뻗어내린 만물상 능선을 사이에 두고 북동쪽에 용기골,

남서쪽에 심원골이 자리를 잡고 있다. 울창한 숲과 계곡, 그리고 능선에서 바라보는 조망이 뛰어난 심원골 등산로는 한때 인기가 높았으나 요즘은 사람이 거의 다니지 않아 수풀이 많이 자랐다. 자연휴식년제 시행으로 입산이 통제된 이후 원형 그대로의 숲을 잘 유지하고 있다.

심원골 산행은 가야산국립공원 백운동 지구 주차장 왼쪽의 진입로를 따라 시작하는 게 대부분이다. 산길은 넓고 뚜렷해 쉽게 찾을 수 있다. 주차장에서 10분 정도 오르면 낙엽송 숲이 시작되고 길은 왼쪽으로 휘돌며 계곡의 모습이 한눈에 들어온다. 겨울이어서 계곡 곳곳에는 얼음이 얼었다. 계곡 좌우로 우뚝하게 솟은 암봉들이 기골이 장대한 사내들처럼 도열해 있다.

등산로 초입에서 300m가량을 걸으면 심원사가 나온다. 이곳에서 바라보는 성주쪽 전망이 일품이다. 낙엽송 사이로 보이는 탁 트인 풍광이 가슴 속까지 시원하게 만들어준다. 심원사 오른편 이정표에는 심원사에서 가야산 정상 칠불봉까지 3.6km라 표시돼 있다. 심원사를 지나 계곡을 따라 10분 정도 오르면 작은 샘이 나타난다. 그 이후부터는 길이 가팔라진다. 전형적인 계곡 산행으로 능선에 올라설 때까지 마땅한 조망처가 잘 눈에 띄지 않는다. 샘터에서 주능선까지는 약 40여분 거리. 부지런히 걸으면 등산로 초입에

여름에 촬영한 돈봉 능선

서 상아덤 밑 주능선까지 1시간 정도가 걸린다. 상아덤부터는 서성재를
거쳐 칠불봉을 오르는 코스로, 용기골에서 오르는 등산로와 서성재에서
만나게 된다.

역사의 뒤안길로 사라졌던 심원사!

심원골의 이름이 유래된 심원사는 가야산 남동쪽 해발 600m 지점에 있
다. '신증동국여지승람' '여지도서' '조선사찰전서' 등에는 심원사深源寺로
기록돼 있으나 '경산지京山志'에는 심원사尋源寺로 나와 있다. 고려 말 관료
이자 학자인 도은陶隱 이숭인李崇仁의 '기심원장로寄深源長老'라는 시에는 '심

원고사재야산(深源古寺在倻山:심원사 옛 절은 가야산에 있는데)이란 구절이 있다. 이로 미뤄 고려시대에 이미 심원사는 고찰로 불릴 정도로 오랜 역사를 가진 것으로 추정할 수 있다.

이숭인의 심원사를 배경으로 한 시에서 옛 심원사 모습을 어렴풋하게나마 떠올릴 수 있다. '오래된 심원사가 가야산에 있는데, 소나무 잣나무 숲 속에서 빗장도 걸려 있지 않네. 능엄경을 갖고 가서 깊은 뜻을 묻고 싶지만, 이 몸이 언제나 한가할 수 있을지'

심원사의 창건 연대는 법수사와 같은 시기인 8세기쯤으로 추정된다. 2001년 중앙승가대학 불교사학연구소의 발굴조사에 따르면 전형적인 통일신라시대의 가람배치인 삼금당지가 제5축대에서 발굴돼 구전돼 내려온 이야기를 뒷받침해줬다는 것. 가정(嘉靖:1522~1566)년간에 지원智遠 스님이 크게 중수, 그 규모가 크고 굉장했다는 기록도 있다.

하지만 임진왜란 때 의병들의 실화로 인해 1593년에 심원사가 불탄 후 다시 중건했다. '경산지'에는 "잣나무 밭이 남쪽 동불암에서부터 심원사에 이르기까지 거의 10리에 걸쳐 있었다. 만력萬歷 계사년(1593) 봄에 의병들이 실화해 심원 일대까지 불타는 바람에 거의 씨도 남지 않았다'는 기록이 남아 있다. 정조 23년(1799년)에 편찬된 '범우고梵宇考'에는 심원사가 폐사로 기록돼 있어 1600~1700년 사이에 폐사된 것으로 추정된다.

복원된 심원사!

폐사됐던 심원사를 꿋꿋하게 지켜온 것은 절의 삼층석탑이었다. 전형적

300~400년 동안 폐사로 남아 있던 심원사는 최근 복원이 끝나 천년 가람의 모습을 되찾았다.

인 통일신라시대 양식을 보여주는 이 탑은 경북도 문화재자료 제116호로 지정돼 있다. 무너져 있던 것을 1989년에 복원했다. 탑의 높이는 4.5m. 상륜은 없어지고 각 층의 옥신석과 옥개석은 비교적 잘 남아 있는 편이다. 하층기단에 비해 상층기단이 높은 편이고, 전체적인 석탑의 구조가 안정적이다.

2001년 심원사 터 발굴조사 당시 출토된 유물은 중앙승가대학 박물관에 보관돼 있다. 대부분 유물이 항아리, 기와조각, 백자제기, 백자접시 등이다. 도깨비무늬 기와, 음각한 물고기문양 기와, 여러가지 수막새와 암막새, 불상의 배후에 광명을 나타낸 의장인 광배를 탁본한 광배탁본 등이 출토돼 심원사의 규모가 작지 않았다는 것을 입증해줬다.

폐사가 됐던 심원사는 2001년 발굴조사 이후 복원의 수순을 밟기 시작했다. 2004년에 삼층석탑을 지금의 대웅전 앞으로 옮겼고 관음전과 문수전을 복원했다. 지난해에는 주법당인 대웅전 복원도 마쳤다.

만물상과 돈봉 능선을 뒤에 두고, 성주의 너른 벌판을 바라보는 곳에 자리잡은 심원사. 대웅전 앞에 자리 잡은 삼층석탑과 대웅전의 추녀, 그리고 그 뒤로 보이는 만물상 능선이 한데 어우러져 빼어난 풍광을 선사한다. 나아가 심원사는 불자들에게는 마음의 안식처, 가야산을 찾은 등산객들에게는 휴식처 역할을 하고 있다.

제4부

가야산의 생태계

가야산의 족보

· · · 그동안 가야산 정상 칠불봉七佛峰과 그 옆 우두봉牛頭峰, 가
야산 여신 정견모주正見母主의 전설이 깃든 상아딤, 억겁의 세월에 씻겨 기
묘한 형상을 한 만물상萬物相, 사람들에게 거의 알려지지 않은 건들바위와
용수폭포 등 가야산 비경들을 살펴봤다.

하지만 지금까지 소개한 가야산의 모습은 그 진면목 가운데 일부에 불
과하다. 재물이 끝없이 나온다는 '화수분' 처럼 한발한발 오를수록 가야산
은 그 감춰진 아름다움을 끊임없이 보여준다. 가야산의 참모습을 제대로
알려면 더 많은 땀과 노력, 시간이 필요할 것이다.

이쯤에서 가야산에 관한 기본 정보를 살펴보는 것도 산을 전체적으로
조망하는 데 여러모로 도움이 될 것 같다. 가야산의 족보族譜를 통해 어렴
풋하게나마 산의 모습을 가늠할 수 있으리란 생각에서다.

그러나 여기에서 간과해선 안 될 것이 있다. 가야산에 대한 정보는 산을 피상적으로 아는 데 그칠뿐 가야산의 진면목을 알고, 산의 정기를 폐부 깊숙이 느끼기 위해선 땀흘려 산을 올라야 한다는 사실이다.

태백산, 소백산을 거쳐 달려온 한반도의 등줄기 백두대간은 김천 대덕산에서 두 줄기로 갈라진다. 한 줄기는 덕유산으로 뻗어내려 지리산에서 포효를 터뜨리고, 다른 줄기는 낙동강을 향해 달리다 불끈 치솟아 가야산을 만들었다. 백두대간을 기준으로 하면 가야산은 동쪽으로 슬쩍 비켜앉은 셈. 가야산 정상 칠불봉에 서면 서로는 덕유산, 남으로는 멀리 지리산이 보인다. 동으로는 낙동강, 남으로는 황강을 굽어보고 있다.

가야산의 전체 면적은 6056km²로 대구 달서구(62.27km²) 면적과 비슷하다. 가야산의 61%인 37km²가 성주군에 속해 있고 나머지는 합천군과 거창군에 걸쳐 있다. 가야산의 주봉인 칠불봉(해발 1,433m)도 성주군에 자리잡고 있다.

가야산과 더불어 합천 남산제일봉, 거창 의상봉 등을 포한한 가야산 국립공원의 면적은 훨씬 넓어진다. 경북의 성주, 경남의 합천과 거창 등 2도 3개군 4개면에 77.074km²의 면적을 포용하고 있는 것. 4개 면은 경북 성주군 수륜면과 가천면, 경남 합천군 가야면, 거창군 가북면 등 4개 면이다. 가야산과 주변 산을 포함해 1972년 10월 우리나라 아홉 번째 국립공원으로 지정됐다.

가야란 산의 이름은 인도의 부다가야 근처에 있는 가야산에서 따온 명

가야산 만물상에서 북동쪽 동성봉을 바라본 모습. 모진 비바람과 풍상을 견디고 선 나무에서 가야산의 장엄한 기운을 느낄 수 있다.

칭이란 설이 유력하다. 한국불교연구원이 펴낸 '해인사'에 따르면 '가야성 서남쪽에 가야산이 있으며, 정확하게는 가야시르사(Gayasirsa)라고 하는데, 이를 중국에서 간단히 가야伽倻라고 표기했고, 음역하여 상두象頭라고 쓰기도 했다'고 한다. 그리고 범어梵語로 가야는 소牛라는 뜻으로, 산 정상의 바위가 꼭 소의 머리 형상이어서 우두산牛頭山, 상두산象頭山 등으로 불리는 등 불가에서 온 이름임을 유추할 수 있다.

하지만 가야산 인근에 있던 가야국에서 따온 이름이란 설도 있다. 이 산이 옛날 가야국이 있던 이 지역에서 가장 높고 훌륭한 산이었기에 자연스럽게 '가야의 산'이라는 뜻으로 부르게 됐다는 얘기다. 가야산은 또 우두산牛頭山, 상왕산象王山, 상향산象向山, 설산雪山이라고도 불리운다.

이중환이 지은 '택리지擇里志'는 우리나라의 산을 돌산과 토산으로 구분하고 있다. 이어 "경상도에는 석화성(石火星·돌 끝이 뾰족뾰족 늘어서 마치 불꽃이 피어오르는 형상)이 없다. 오직 가야산만이 뾰족한 돌이 줄을 잇달아서 불꽃 같으며 공중에 솟아서 극히 높고 빼어나다"고 적었다. 또 "임진왜란 때 금강산, 지리산, 속리산, 덕유산 등이 모두 왜적의 화를 면치 못했으나 오직 오대산, 소백산, 가야산은 왜적이 들지 못한 예부터의 삼재불입지처三災不入之處"라고 했다. 병란을 피할 수 있고避兵, 먹고 살기에 적합한 곳生利으로 복지福地라 일컬은 것이다.

가야산은 선사시대 이래 산악신앙의 대상이며, 고려의 팔만대장경을 간직한 해인사를 품에 안은 불교의 성지다. 그리고 선인들의 유람과 수도처로서 민족의 생활사가 살아 숨쉬는 명산이며 영산이다. 또 자연경관이 수려해 예로부터 조선팔경의 하나, 혹은 12명산의 하나로 꼽혔다. 옛 기록들은 가야산의 산세를 두고 '산형山形은 천하에 으뜸이고, 지덕地德은 해동 제일'이라 평했다.

가야산은 4계절 모두 인기를 끄는 관광과 휴식의 보물창고다. 봄가을에
는 해인사를 찾는 인파가 줄을 잇고, 여름이면 백운동과 홍류동계곡은 더
위를 식히는 인파들로 붐빈다. 가야산의 단풍과 설경은 전국에서도 이름
나 있다. 매년 100만 명이 가야산을 찾을 정도로 가야산은 우리 민족과 더
불어 어제와 오늘을 함께했고, 그리고 미래를 같이할 민족의 명산이다.

가야산 다람쥐 '다롱이'의 편지

• • • 안녕하세요! 저는 가야산에 사는 다람쥐 '다롱이'에요.
쥐목 다람쥐과에 속한 저는 주로 낮에 활동하고, 나무타기를 참 좋아하
지요. 몸 길이는 15cm 정도인데 꼬리 길이는 13cm로 몸 길이와 엇비슷하
지요. 통통한 볼, 크고 검은 눈, 등 뒤에 있는 다섯 줄의 검은색 줄무늬 덕
분에 아이들은 물론 어른들도 저를 귀여워하지요.

가야산에서 저는 활엽수림이나 암석이 많은 돌담 같은 곳에 살고 있어
요. 어떨 땐 울창한 침엽수림에도 놀러갑니다. 참나무와 밤나무가 많은 가
야산에는 먹이인 도토리와 밤이 많아요. 여기저기 먹을 것이 널린 요즘엔
더욱 신이 나지요. 따사로운 햇볕을 받으며 먹이를 배불리 먹거나, 땅속에
깊이 파놓은 보금자리 가까운 곳에 겨울을 나기 위한 창고를 따로 만들어
놓고 먹이를 모으기도 하지요. 편안하게 겨울잠을 자려면 요즘 같은 날 부

가야산에서 만난 다람쥐 '다롱이'. 크고 검은 눈에, 등의 줄무늬가 아름다운 다롱이에게서 가야산의 맑고 푸른 기운을 느낄 수 있다.

지런히 먹이를 마련해야 합니다. 내일을 위해 오늘을 열심히 살아야 한다는 건 사람들도 마찬가지겠지요.

가야산에는 제 친구들이 많아요. 제가 속한 포유류哺乳類 친구들을 먼저 소개할까요. 10년 전 학자 아저씨들이 조사한 것을 보면 포유류는 20종이 살고 있다고 하네요. 먹이를 구하러 다니다보면 저와 비슷하게 생긴 청설모를 비롯해 고슴도치 두더지 멧토끼 너구리 족제비 오소리 등을 자주 만나지요. 씩씩거리며 땅을 파헤치는 멧돼지를 만나면 정말 무서워요. 겁이 많은 고라니와 노루도 같이 살고 있어요. 사향노루나 하늘다람쥐, 수달, 삵 등도 가야산에 산다고 어른들한테 들었는데 요즘엔 만나기가 정말 힘들어요. 저희들을 잡기 위해 사람들이 쳐놓은 올가미를 볼 때는 두렵지요.

우리에서 탈출, 야생화된 염소.

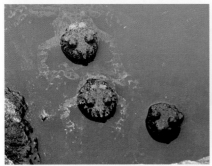

높이 1,430m에 이르는 가야산 우두봉 우비정에 사는   두꺼비
비단개구리.

만나면 조금 겁이 나는 친구들도 있어요. 파충류 친구들은 9종에 이른다는데 살모사 쇠살모사 까치살모사는 맹독이 있어 사람들도 무서워 한다더군요. 또 아무르장지뱀, 누룩뱀, 유혈목이, 무자치 등도 파충류 친구들이에요.

여러분들이 비오는 날 가야산을 오를 때 자주 만날 수 있는 두꺼비도 제 친구지요. 두꺼비와 같은 양서류 친구들은 9종이 가야산에 산다고 하네요. 저도 가본 적 있는 가야산 우두봉 우비정에는 개구리 친구들이 살고

까치살모사
큰오색딱따구리(왼쪽)와 어치

있어요. 1,430m나 되는 산꼭대기에 마르지 않는 우물이 있고, 그곳에 개
구리 친구들이 산다는 게 참 신기하지요.

다음으로는 물 속에 사는 제 친구들을 알려드릴까요. 가야산에는 포천
계곡으로 알려진 옥계를 비롯해 홍류동계곡, 용기골 등 맑은 물이 흐르는
계곡과 골짜기가 많지요. 그 물속에는 20종에 이르는 물고기들이 산다네
요. 버들치, 갈겨니, 미꾸리, 동사리 등이 저와 친한 물고기 친구들이지요.

또 가야산에는 72종이나 되는 새 친구들도 산다고 하더군요. 붉은머리
오목눈이를 비롯해 참새 노랑턱멧새 되새 순으로 많다고 하네요. 새매와
붉은배새매, 소쩍새는 천연기념물로 지정돼 있고, 청호반새는 희귀 및 멸

종위기종이라고 하더군요. 무당벌레나 큰줄흰나비 등 곤충 친구들은 1천 236종에 이른답니다.

제 친구들을 소개하다 보니 벌써 편지를 끝내야 할 때가 됐군요. 가야산을 찾는 사람들이 많아지고, 여관이나 식당이 늘어나면서 저와 같은 야생 동물이나 곤충들이 살아가기가 갈수록 힘들어지고 있어요. 사람들과 저희들이 지금까지 그래왔던 것처럼 앞으로도 아름다운 땅 가야산에서 정답게 살아가기를 바랍니다. 다롱이도 여러분들의 귀여운 친구가 되고 싶어요.

가야산 지킴이

김용식 영남대 자연자원대학 조경학과 교수

"승용차로 1시간 거리에 가야산이 있다는 것은 대구 시민들에게 커다란 축복이라 할 수 있지요. 대구·경북 사람들은 물론 국민 모두에게 가야산은 소중한 자연 자산입니다." 1997년 '가야산국립공원 자연자원 조사' 연구총괄을 맡았던 김용식(57·사진) 영남대 자연자원대학 조경학과 교수. 그는 "해인사를 품고 있는 가야산은 문화적으로도 훌륭한 자산일 뿐 아니라 전국에서도 손꼽히는 자연 자산을 갖춘 곳"이라고 했다.

특히 가야산은 우리나라 특산식물인 구상나무, 희귀식물인 솔나리 등이 서식하고 있어 생태학적으로 무한한 가치를 지닌 산이라는 게 김 교수의 얘기다. "조금만 충격을 줘도 생태계에 큰 영향을 줄 정도로 산의 봉우리는 민감한 곳이지요. 사람으로 인한 충격을 최소화하기 위한 방안을 찾아야 합니다. 무엇보다도 가야산을 찾는 분들이 자연을 보존하려는 의식과 자세를 갖고 실천하는 것이 아름다운 가야산을 후손들에게 물려주는데 가장 중요한 일입니다."

야생화 '보물창고'

● ● ● 야생화 사진가로 널리 알려진 김정명 씨. 수십 년 동안 전국을 다니며 한국 야생화 1천600종, 필름으로는 50만 컷을 촬영한 그는 우리 야생화의 매력으로 '강인함'을 꼽았다. 계절간 기온차가 50℃까지 나는 지역은 세계에 두 곳밖에 없는데 그 중 하나가 우리나라라는 것. 그 래서 우리나라 식물은 어려운 환경을 견뎌낼 수 있는 강인한 유전자를 갖고 있다는 얘기다.

너무나 예쁜 우리 야생화들. 비바람이 몰아치는 산기슭, 아무도 찾지 않는 들판이나 길가에서 묵묵히 자라는 야생화는 은근과 끈기를 자랑하는 한 민족을 고스란히 빼닮았다. 그 아름다움에다 우리 민족의 심성을 대변해주는 존재이기에 야생화에 대한 사람들의 사랑이 갈수록 짙어지고 있다.

'조선 팔경八景의 하나' '해동 제일의 명산'으로 꼽히는 가야산. 구상나무와 같은 한국 특산식물, 솔나리 등 멸종위기식물, 누운향나무(진백)와 노각나무 등이 서식하는 자연생태계의 '보물창고'로 일컬어지는 곳이다.

가야산국립공원엔 소나무 군락이 해발 500~900m까지 고루 분포하고 있다. 특히 해인사로 향하는 길 양 옆에 자라는 소나무 군락은 가야산을 대표하는 경관 중 하나로 유명하다. 해발 900m 이상 지역은 신갈나무군락이 고르게 자리잡고 있다. 또 암석지와 일부 척박지에는 소나무가 1,000m이상까지 분포하고 있다. 바위로 이뤄진 가야산 정상부와 남산제일봉 정상부에는 흰참꽃 군락도 있다.

지금으로부터 꼭 10년 전인 1997년 가야산국립공원 관리사무소가 앞장서 실시한 가야산 생태계 조사에 따르면 가야산국립공원내 식물은 649종. 하나 하나가 귀하디 귀한 우리 땅의 꽃과 풀, 나무들이다.

칠불봉을 오르는 길가 바위틈에서 만난 벌개미취. 국화과의 여러해살이풀인 벌개미취는 소박하고 정갈한 모양새가 우리민족의 심성을 빼닮았다.

그 가운데 가야산 동성봉 일대에서 서식하는 솔나리가 가야산을 대표하는 야생화로 꼽히고 있다. 솔나리는 고산지역에 드물게 자라는 여러해살이 풀로 꽃은 7, 8월에 피며 환경부 보호야생식물 6호, 산림청 희귀 및 멸종위기식물 34호로 지정돼 있다. 국립공원에서는 동성봉 일대에 대한 사람들의 접근을 차단하는 등 솔나리 보호 및 번식에 힘을 쏟고 있다.

가야산 동성봉 일대에서 서식하고 있는 산림청 희귀 및 멸종위기식물인 솔나리.

각시원추리

용담

솔나리 외에도 가야산에는 눈여겨볼 만한 야생화들이 매우 많다. 2000년 성주군은 가야산에 분포돼 있는 식물 649종 가운데 야생

함박꽃

참산부추

죽대

털중나리

노루오줌

구절초

화 100가지를 선정, '가야산 야생화 100선'이란 책을 펴냈다. 솔나리를 비롯해 얼레지, 물봉선, 잔대, 뻐꾹나리, 개불알꽃(복주머니난), 처녀치마, 으름덩굴, 현호색, 하늘말나리 등이 가야산을 대표하는 야생화로 손꼽히고 있다.

가야산 고산지대의 그늘진 비옥한 땅에서 자라는 여러해살이 풀인 얼레지는 봄의 소식을 전하는 전령사다. 솔나리와 마찬가지로 백리향, 태백제비꽃, 흰참꽃, 뻐꾹나리, 개불알꽃 등은 산림청 희귀 및 멸종위기 식물로 보호를 받고 있는 가야산 야생화들이다. 가야산야생화식물원 김종화 연구사는 "난대성, 온대성 수종이 같이 서식하는 등 가야산은 자연 생태계의 보고 중 하나로 꼽힐 수 있다"며 "가야산에서 자라는 나무와 꽃과 풀은 우리 민족의 소중한 자연 자산"이라고 강조했다.

가야산 지킴이

이전규 성주군 야생화관리팀장

"야생화식물원이 문을 연 이후 지금까지 9만여 명이 다녀가셨지요. 가야산을 대표하는 명소 가운데 하나로 자리잡았다고 자부합니다." 성주군 수륜면 백운리 '가야산야생화식물원' 운영을 책임지고 있는 이전규(47·사진) 성주군 산림축산과 야생화관리팀장. 75억 원을 들여 지은 야생화식물원에는 가야산에서 자라는 노각나무와 솔나리 등 582종 52만 8천여 본의 식물을 선보이고 있다.

'초대의 정원' 이란 이름이 붙은 안내데스크를 따라 들어가면 전시관 1층, 야외전시원, 전시관2층, 온실 등의 순으로 관람하게 된다. 가야산 절경과 잘 어우러진 야외전시원은 야생화식물원의 백미라 꼽을 만하다. '야생화학습원' 에서는 할미꽃, 노랑할미꽃 등 비슷하면서도 다른 특성을 가진 야생화들을 비교하면서 구경할 수 있다. 국립공원 안에 자리잡고 있는 식물원으로는 가야산야생화식물원이 전국에서 유일하다는 것도 자랑거리 중 하나다. 이 팀장은 "가야산은 마음이 편해지고 근심이 없어지는 산"이라며 "야생화식물원에서 많은 분들이 우리 꽃의 아름다움을 만끽하시기를 바란다"고 말을 맺었다.

제5부

불교의 성지 가야산

가야산의 두 마애불 —찌든 마음 씻어주는 천년의 미소

• • • '백제의 미소'란 애칭을 갖고 있는 충남 서산의 '마애삼존불상磨崖三尊佛像'. 국보 제84호로 지정된 이 불상은 동쪽을 바라보는 큰 바위에 새겨져 있다. 특히 중앙에 모셔진 본존불本尊佛은 양끝이 살짝 올라간 입가에 머무는 미소로 유명하다. 세상의 풍파에 지친 사람의 마음을 어루만져주는 그 미소로 인해 '백제의 미소'란 아름다운 이름을 얻게 된 것이다.

석벽에 새긴 부처를 뜻하는 마애불磨崖佛은 우리나라를 비롯해 인도, 중국, 일본 등에 널리 퍼져 있다. 만든 수법도 양각陽刻:浮彫, 음각陰刻, 선각線刻 등 다양하다. 우리나라에서는 7세기 무렵 백제에서 마애불을 새기기 시작한 이후 전국 곳곳마다 마애불이 만들어졌다. 불교가 융성한 가야산에도 주목할 만한 마애불들이 있다. 천년 세월을 간직한 가야산 마애불에서 사

백운리 마애불입상은 불교 신자들은 물론 가야산 아래 마을 사람들의 기도처 역할을 톡톡히 하고 있다.

람들은 마음의 평안을 찾는다.

엷은 미소 머금은 백운리 마애불입상!

성주군 수륜면 백운리에서 용기골~서성재 등산로를 따라가다 백운2교를 지나 50m 정도를 더 가면 서성재로 가는 탐방로와 백운대로 가는 갈림길이 나온다. 백운대로 가는 등산로는 비법정 등산로다. 가야산 국립공원 관리사무소의 양해를 얻어 백운대로 가는 산길을 오른다. 가파른 오르막길을 걸어 약 800m를 가면 가야산성과 이어진 백운대 아래 쪽에 있는 마애불입상을 만나게 된다. 해발 950m가 되는 높은 곳에 마애불이 있다는

백운리 마애불입상에서 조금 더 오르면 스님들이 수행을 했다는 백운대가 나온다.

것이 신비스럽다.

이 마애불은 높이 2m, 최대 폭 129cm의 아래 위로 긴 타원형 석재의 한 단면을 다듬어 조성했다. 마애불 위로 자연석이 지붕처럼 덮여 있는 것이 특이하다. 조각하는 부분이 주위 면보다 튀어나오게 조각하는 양각기법을 썼다. 불상의 높이는 160cm가량. 두 발을 가지런하게 선 등족립登足立이다. 이 마애불이 조성된 시기를 신라 하대인 9세기 무렵으로 추정하고 있으나 통일신라 이전의 형식인 등족립 등을 이유로 불상이 만들어진 시기를 더 앞당겨야 한다는 주장도 있다.

마애불의 머리 부분과 하체는 마모됐지만 비교적 보존 상태는 양호하다. 마애불의 뒤편에 광명을 나타내는 광배光背도 눈길을 끄는 부분. 타원

형 모양의 자연석을 조각하지 않은 채 그
대로 이용했다. 인공과 자연이 절묘하게
융합된 것이다. 주름선도 비교적 잘 남아
있다. 경상북도 문화재 자료 66호로 지
정돼 있다.

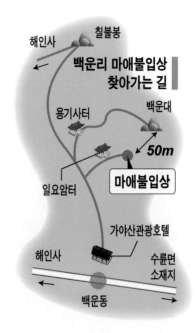

다음으로 마애불의 손을 살펴봤다. 수
인手印은 부처님의 손 모양을 나타내는
것으로 불상을 살피는 데 매우 중요한 요
소다. 백운리 마애불은 '시무외 여원인施
無畏 與願印'을 하고 있는데 오른손이 다소
처진 편이다. 오른손을 꺾어 어깨 높이까

지 올리고 다섯 손가락을 가지런히 펴 손바닥이 밖으로 향하게 했다. 이른
바 시무외인이다. 왼손은 약지와 새끼손가락을 구부려 옷자락을 쥐는 데
서 유래했다는 여원인을 하고 있다. 시무외 여원인은 나를 믿으라 두려움
이 없어지고 너의 소원을 이뤄주리라는 뜻을 담고 있다.

그리고 미소! 백운리 마애불은 눈을 가늘게 뜨고, 엷은 미소를 머금고
있다. 보는 이로 하여금 마음이 편안해지게 만드는 미소다. 불교 신자들은
물론 백운리 주민들에게 이 마애불은 기도처 역할을 하고 있다. 천년의 세
월 동안 마애불은 두려움에 떨거나 삶의 무게에 힘겨워하는 중생들에게
따뜻한 미소와 더불어 푸근한 위안을 주고 있다. 제수천 전 성주문화원 원
장은 "긴 세월에 비해 마애불은 마모 외의 손상이 없어 마애여래상 계보
연구에 귀중하게 쓰일 수 있다"며 "많은 이들이 마애불을 찾아 마음의 평

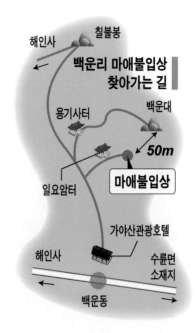
백운리 마애불입상
찾아가는 길

우람하고 당당한 모습을 지닌 해인사 극락골 마애불입상.

안을 얻을 수 있도록 등산로가 개방돼야 한다"고 했다.

극락골 마애불입상!

백운리 마애불입상에 이어 해인사 뒤편에 있는 마애불입상을 찾아 나섰다. 해인사에서 우두봉을 오르는 등산로는 두 갈래로 갈라진다. 바로 토신골과 극락골 등산로다. 극락골 등산로는 자연휴식년제 실시로 등산이 금지돼 토신골을 따라 올라야 한다. 1시간 정도를 오르다 극락골로 가는 등산로를 따라 20여 분을 더 가면 가파른 철계단이 나온다. 이 계단을 딛고 산등성이에 오르면 마애불입상을 만나게 된다.

길 옆 바위에 돋을새김된 이 마애불은 높이 7.5m로 우람하다. 보물 제222호. 풍만한 사각형의 얼굴에 날카로운 눈꼬리, 두꺼운 입술, 턱주름 등이 표현돼 있다. 귀는 어깨에 닿을 듯 길고 목에는 3개의 주름이 뚜렷하다. 어깨는 넓고 당당해 자신만만한 인상을 풍긴다.

오른손은 어깨까지 들어 엄지 손가락과 가운데 손가락을 맞대었고 왼손은 검지와 가운데 손가락을 구부려 가슴에 대어 손등을 보이고 있다. 특히 손은 사실적으로 섬세하게 처리해 사람의 손처럼 생동감이 느껴진다. 머리 뒤에는 단순한 원형의 머리 광배가 있을 뿐인데, 이를 지탱하는 자연광배가 몸광배 구실을 겸하는 것으로 보인다. 얼굴과 두 손은 정교하게 조각한 반면 신체는 마치 돌기둥에 새긴 듯 옷주름을 간략하게 처리했다.

이 불상은 각 부분의 표현이 힘있고 당당하면서도 세부 수법에서 세련된 면이 보여 9세기 무렵 만들어진 마애불상으로 추정되고 있다. 마애불을 찾은 날, 마침 두 젊은이가 마애불 앞에서 열심히 기도를 올리고 있다. 천년의 세월 동안 묵묵히 가야산을 지킨 마애불. 지금까지 그래온 것처럼 혼탁한 세상에서 사람들의 마음을 어루만져주는 보금자리 역할을 계속할 것이다.

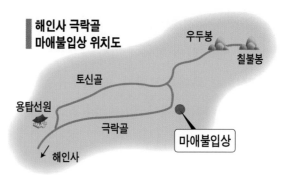

해인사 극락골 마애불입상 위치도

사라진 법수사

· · · 얼마 전 끝난 '2007 경주세계문화엑스포'. 여러 볼거리가 많았지만 '경주타워'를 첫손에 꼽는 사람들이 많았다. 경주타워는 몽고 침입 때 불길에 휩싸여 역사 속으로 사라진 황룡사 9층 목탑을 음각으로 형상화해 화제를 모았다. 또 이곳을 무대로 영상과 조명, 불꽃, 음향 등이 한데 어우러진 첨단멀티미디어쇼가 펼쳐져 관람객들의 시선을 사로잡기도 했다.

신라가 삼국을 통일하는데 정신적 구심처가 된 황룡사처럼 우리 역사를 돌아보면 기억의 저편으로 사라진 사찰들이 적지 않다. 폐허가 된 절터에 서면 사라진 것에 대한 아련한 마음과 더불어 세월의 무상함을 절절하게 느낄 수 있다. 한 해가 마무리되는 무렵, 가야산 자락에서 융성했던 법수사를 찾아나선 이유도 사라진 것에 대한 아쉬움을 달래는 것은 물론 폐사지를 통해 흐트러진 마음을 다잡기 위해서다.

가야산을 대표하던 대가람!

성주군 수륜면 소재지에서 경남 합천으로 가는 59번 국도를 따라가면 백운동 중기마을이 나온다. 사라진 절터에 마을이 들어서 중기中基란 마을 이름이 붙었다. 지금도 절터를 중심으로 백운리 골짜기 곳곳에 석탑, 돌기둥, 주춧돌 같은 유물이 사방에 퍼져 있다.

가야산 남서쪽에 있는 해인사와 더불어 남동쪽에 있던 법수사法水寺는 가야산을 대표하는 대가람이었다. '삼국유사'에 나오는 '법수해인사'란 문구를 근거로 제수천 전 성주문화원장 등은 법수사의 창건 시기를 서기 802년으로 추정하고 있다. 또 성주읍지星州邑誌인 '경산지 불우조京山志 佛宇條' 엔 "법수사엔 구금당九金堂 팔종각八鐘閣 등 무려 1천여 칸이 넘는 건물이 있었다. 사찰에 딸린 암자만도 100개가 넘었다"고 기록돼 있다. 해인사에 못지 않았던 법수사의 방대한 규모와 그 영향력을 짐작할 수 있는 대목이다.

백운동을 지나는 59번 국도에서 차를 멈추고 동쪽으로 20여m를 가면 법수사지 3층 석탑이 있다. 절이 창건될 당시에 같이 만들어진 것으로 짐작되는 탑이다. 경상북도 유형문화재 제86호로 지정된 이 탑은 2개의 기단과 3층의 탑신, 그리고 머리장식으로 구성돼 있다. 화강암으로 만들어진 탑의 높이는 약 6m.

탑의 지붕돌은 완만한 곡선에 네 귀퉁이가 추켜 세워져 있어 그 중량감에 비해 무겁지 않은 느낌을 준다. 안타깝게도 상륜부相輪部 노반(露盤·머리장식 받침돌)은 깨어져 있다. 1층 기단에는 각 면마다 3개씩의 연화무늬가 새겨져 있고, 받침돌 몸돌은 그나마 상태가 양호하다. 지붕돌 네 모서리마다 풍경을 달기 위해 구멍을 뚫어놓은 흔적이 있다.

법수사지 3층 석탑은 탑 자체로도 아름답지만 가야산과 함께 어우러져

법수사 일몰

더욱 멋스런 자태를 뽐낸다. 탑 서쪽으로 만물상, 상아덤~돈봉, 그리고 동성봉~바래봉 능선 등 가야산의 빼어난 절경이 병풍처럼 둘러싸 탑을 감싸안고 있다. 어둠이 깔릴 무렵 법수사지 3층 석탑 앞에 서면 1천여 년의 세월을 거슬러 오르는 '시간여행'을 떠날 수 있다.

구금당·팔종각 등1천여 칸 넘는 건물

　　3층 석탑에 이어 옛 법수사의 영광을 되돌아볼 수 있는 곳이 금당지 석축이다. 높이가 7, 8m에 이르는 석축은 크고 작은 돌을 맞물려 쌓아 올렸다. 아귀가 절묘하게 맞는 석축을 바라보면 자연스럽게 장인의 솜씨가 느껴진다. 경주 불국사의 석축도 빼어나지만 사라진 사찰, 법수사의 석축도 그에 못지 않게 아름답다.

　　석축에 이어 중기마을로 가 법수사지 당간지주를 찾았다. 당간지주는 요즘말로 하면 깃발 게양대다. 옛날 절에서는 깃발을 세웠는데 기를 높이 세우기 위해서는 장대가 필요하고, 그 장대를 고정시키는 것이 필요한데 그게 바로 당간지주幢竿支柱다. 당이란 부처님이나 큰스님의 얼굴을 그려놓은 그림을 말하고, 그 당을 받치는 것이 당간이란 게 제 전 성주문화원장의 얘기다. 당간지주의 크기는 그 절의 크기와 위용을 나타내는 것으로 지금의 법수사 당간지주를 통해 우리는 옛날 법수사를 그려볼 수 있다.

법수사지 당간지주는 높이 3.7m, 폭 7.4m, 두께 51cm다. 장방형의 석주 2개가 서로 마주보고 있다. 양 지주는 거의 손상 없이 보존됐는데 지주가 기울어 간격이 다소 벌어져 있다. 경상북도 유형문화재 제87호인 이 당간지주는 우아하고 단아한 모습을 지녀 당간지주 계보 연구에 중요한 자료가 되고 있다. 타다 남은 촛불과 작은 제단이 있는 것으로 미뤄 당간지주는 요즘에도 마을 주민들의 기도처가 되고 있음을 알 수 있다.

법수사 당간지주

융성하던 법수사는 임진왜란을 겪고 조선 중엽에 폐사가 되고 말았다. 그 이후 사찰에 있던 비로자나불 등 유물도 뿔뿔이 흩어졌다. 주존불인 비로자나불은 해인사로 옮겨졌고, 법수사 절터 뒤편 용기골로 들어가는 어귀에 자리 잡은 미륵당 불상은 1967년 경북대학교로 모셔졌다. 보물로 지정되고도 남을 만한 법수사 배례석은 인근 식당 마당에 쓸쓸한 모습으로 남아 있다.

다시 법수사 3층 석탑 앞에 섰다. 어둠에 묻힌 탑과 그리고 가야산을 바

크고 작은 돌을 절묘하게 맞물려 쌓아 올린 석축을 보면 대가람 법수사의 규모를 짐작할 수 있다.

라보며 성주 출신으로 고려 말 조선 초의 문신인 형재亨齋 이직李稷이 남긴 '등법수사남루(登法水寺南樓: 법수사 남루에 올라)' 란 시를 떠올려본다.

'예전에 한 번 오른 적이 있고, 오늘 다행히 거듭 오른다. 두 손 마주 잡고 읍을 함은 기이한 경관이 모여 있기 때문이요, 쉬이 떠나지 못하고 주저함은 고의古意가 깊기 때문이네. 시냇물은 돌 절벽에 놀라고, 빗雨 기운은 먼 멧부리에서 나온다. 뜻이 통하는 스님 친구가 있어서 근심이 있을 때 더불어 시를 읊조릴 만하네.'

옮겨진 비로자나불 —사라진 법수사 인연 해인사로

• • • 가야산 자락인 성주군 수륜면 백운리 일대에서 융성하다 역사의 뒤안길로 사라진 법수사法水寺. 그 절터에는 지금 석탑 하나가 달랑 남아 쓸쓸한 모습이지만 찬란했던 발자취는 곳곳에 남아 있다. 그 가운데 하나가 법수사 남서쪽에 있는 해인사海印寺 대적광전大寂光殿의 비로자나불상毘盧遮那佛像이다. 이 불상은 원래 법수사에 모셔져 있다 절이 폐사된 후 용기사를 거쳐 해인사로 옮겨졌다. 비로자나불상을 매개로 한국을 대표하는 사찰인 해인사와 지금은 그 흔적조차 희미해진 법수사가 '인연의 고리'를 맺고 있는 것이다.

큰 명당 터에 자리 잡았던 용기사!

법수사가 폐사된 것은 임진왜란 이후로 추정될 뿐 정확한 시기는 알 수 없다. 임진왜란 때 절이 불타버렸고 그 이후 복원되지 않아 폐사가 되고 말았다는 얘기도 있다. 법수사에 모셔져 있던 비로자나불상과 문수보살상, 보현보살상은 절이 없어짐에 따라 가야산 골짜기 안에 있는 법수사의 부속 암자인 용기사龍起寺로 모셔졌다.

백운리를 출발, 용기골을 따라 난 등산로를 오르면 대피소가 나온다. 가야산성 남문 터에서 약 500m 정도 되는 지점이다. 이곳에서 왼쪽은 서성재로 가는 등산로, 오른쪽은 용기사로 가는 등산로다. 계곡을 따라 약 300m 정도를 오르면 허물어진 용기사의 축대가 나온다. 용기사 터는 평탄하고 기와 조각과 그릇 조각 등이 곳곳에 흩어져 있다. 가장 눈에 띄는 유물은 돌로 만든 석조石槽. 큰 돌을 파서 물을 부어 쓰도록 만든 돌그릇이다. 임진왜란 때 이곳에 있던 승려와 백성들이 사용했던 것으로 추정되는 유물. 석조 외에도 돌로 만든 맷돌, 아궁이와 굴뚝 터도 보인다.

용기사가 창건된 시기는 확실하지 않다. 다만 법수사와 같은 시기(802년)인 것으로 추정되고 있다. 성주군의 역사와 문화, 인물을 기록한 '성산지星山誌'에 용기사와 관련된 기록이 나온다. "기암절벽으로 둘러싸인 천년이 넘는 역사를 지닌 용기사는 가야산중에 있다. 가뭄 때에는 이곳에서 기우제를 올리면 곧 뜻을 이룬다. 절터 앞 봉두에 한 쌍의 돌이 마주하고 있는데 이를 칭하여 용의 귀龍耳라고 한다."

법수사에 있던 비로자나불상은 용기사로 모셔졌다가 111년 전 해인사로 다시 옮겨졌다. 용기사 터에 있는 물을 담았던 석조

용이 일어났다는 뜻을 지닌 용기사는 큰 명당 터로 널리 알려져 있다.
용기사 아래에 살던 사람들은 가뭄이 들 때면 용기사를 찾아 절터를 이리

해인사 주법당인 대적광전 앞에서 탑돌이를 하는 모습

저리 살폈다. 절터가 명당이어서 조상의 유골을 몰래 묻는 사람들이 있었고, 이럴 경우엔 가뭄이 들었다는 것. 유골을 다시 파내고 기우제를 올리면 용기골을 내려가던 중에 바로 비가 내렸다는 이야기도 전해오고 있다.

용기사 동편으로 흐르는 계곡에는 용기폭포와 물탕이 있어 여름 피서지로 유명하다. 지금은 나무가 없어졌지만 옛날에는 용기사를 중심으로 수십 리에 걸쳐 아름드리 잣나무가 하늘을 가릴 정도로 무성해 잣수확 양이 엄청났다는 기록을 향토지에서 찾아볼 수 있다.

진리를 상징하는 비로자나불!

'해인사지海印寺誌' 114페이지엔 용기사에 있던 비로자나불상을 해인사

해인사 대적광전에 모셔져 있는 비로자나불상

로 모신 연유가 나와 있다. "비로자나불상과 문수보살상, 보현보살상은 본래 성주군 금당사金塘寺에 모셨던 것인데, 금당사가 폐사될 때에 그 속암屬庵인 용기사에 옮겨 모셨다가 다시 용기사가 없어지므로 1897년 범운梵雲 스님이 해인사로 옮겨 모신 것이다." 금당사는 법수사가 나중에 이름을 바꾼 사찰로 알려져 있다.

용기사에서 해인사로 비로자나불상 등을 옮겨 모신 시기는 1897년. 성주에서는 이와 관련된 재미있는 이야기가 있다. 고개를 넘어 비로자나불상 등을 옮겨 모시던 중 갑자기 불상이 땅에 붙은 것처럼 꼼짝하지 않았다는 것. 범운 스님이 직접 달려나와 예불을 올리자 불상이 다시 움직였다. 해인사로 불상을 옮겨 모시는 것을 안타깝게 여겼던 성주 사람들의 마음이 녹아든 전설이란 생각이 든다.

비로자나불이 모셔져 있는 해인사 대적광전을 찾았다. 해인사는 화엄종華

嚴宗의 근본 도량이므로 비로자나불상을 본존불로 모시고 있다. 비로자나는 산스크리트어인 '바이로차나'에서 온 말로 '영원한 법', 곧 진리를 상징한다. 비로자나불이 대적광토大寂光土에서 항상 계시면서 '화엄경'을 늘 설하고 두루 설하므로 화엄종에서는 비로자나불을 본존으로 한다는 것. 사찰의 주법당 이름은 그 안에 모셔진 주불에 따라 결정되는데 비로자나불을 모시면 대적광전이라 부른다. 석가모니불을 모시고 있으면 대웅전이 되고, 아미타여래불을 모시면 무량수전, 미륵불을 모시면 미륵전이 된다는 얘기다.

비로자나불상은 은행나무로 만들어졌다. 그 높이는 2.35m. 좌우에 있는 문수보살상, 보현보살상과 동일한 은행나무로 만들어졌다는 이야기도 있다. 문수보살은 지혜를 상징하고, 보현보살은 실천을 통한 자비를 상징한다. 세 불상을 합쳐 대적광전비로자나삼존상이라 일컫는다. 본존불의 두부에는 중간계주와 정상계주가 표현되어 있고, 법의法衣는 양 어깨에 걸쳐 입고 있다. 넓게 파인 가슴 안으로 옷자락이 들어가 있다. 특히 왼쪽 무릎을 흐르는 옷자락은 고려 중기 이후 조선 초에 유행하는 양식으로 불상의 조성시기를 가늠하는 단초가 된다. 손은 왼손 검지를 오른손으로 감싸고 있는 모습으로 비로자나불이 취하는 일반적인 손모양인 지권인智拳印이다. 삶과 죽음이 하나이며, 땅과 하늘이 하나이고, 모든 만물이 하나로 통한다는 뜻이다.

화엄종 근본 도량 해인사
─1200년 지켜온 '지혜의 등불'

• • • 가야산이라고 하면 가장 먼저 뇌리에 떠오르는 존재가 해인사다. 해인사海印寺는 한국 화엄종華嚴宗 근본 도량이자, 우리 민족 믿음의 총화라 할 수 있는 '팔만대장경八萬大藏經'을 모신 사찰로 너무나 유명하다. 성철 스님 등 우리나라를 대표하는 선승禪僧을 많이 배출한 것으로도 이름이 나 있다. 창건된 지 1천200년이 넘은 해인사! 그 유구한 세월 동안 이 땅을 비추는 지혜의 등불이 되고 있다.

천년의 세월을 간직한 고사목!

해인사 가는 길. 왼편으로 홍류동紅流洞계곡이 펼쳐진다. '붉게 물든 단풍이 계곡물에 비쳐 붉게 흐르는 것처럼 아름답다'는 홍류동계곡은 매서운 겨울 추위에 스산한 풍경이다. 하지만 계곡을 흐르는 맑은 물, 울창하게 쭉쭉 뻗은 적송이 코끝을 아리게하는 맹추위와 한데 어우러져 어느 계절 보다 더욱 청정한 기운을 선사한다.

큰 사찰에 들어설 때 처음 만나는 것이 일주문一柱門이다. 절의 어귀에 서 있는 일주문은 모든 중생이 성불의 세계로 나아가는 길의 첫 관문을 상징한다. 옆에서 보았을 때 기둥이 하나로 겹쳐 보인다고 해서 일주문이란 이름이 비롯됐다. 해인사 일주문은 '홍하문紅霞門'이라고도 한다. 일주문 일대의 수목들이 단풍이 한창 들 때 일주문과 절묘한 조화를 이루면서 마치 붉은 색 노을이 끼는 듯하다고 해서 이런 이름을 얻었다. 그 소박한 아름다움과 주위 경치와의 어우러짐이 일품이란 생각이 든다.

일주문을 지나고 나면 말라 죽은 나무가 보인다. 느티나무인 이 고사목은 해인사가 창건될 때 심어진 나무로 알려져 있다. 1천200여 년의 세월 동안 해인사를 묵묵히 지켜오다 1945년 고사하고 말았다. 고사목 부근에 있는 염주석이란 이름의 돌도 흥미롭다. 불이 잦았던 해인사의 화재예방을 위해 설치한 돌이다. 화기火氣를 누르기 위해 바다의 기운을 지닌 소금을, 돌 안에 넣어 묻어 놓은 것이다.

삼라만상이 비치는 바다!

바다 해海, 도장 인印자를 쓰는 해인사의 이름은 어디에서 비롯됐을까. 해인이란 '화엄경'의 '해인삼매海印三昧'에서 따온 말이다. '해인삼매'는 풍

해인사 일주문을 지나 대적광전 찾아가는 길. 스님들의 수행처인 해인사와 수백 년된 고목들이 뿜어내는 청정한 기운에 마음이 정화되는 느낌이다

랑이 일던 바다가 잠잠해지면 삼라만상이 모두 바닷물에 비치는 것같이 온 갖 번뇌가 끊어진 고요한 상태를 일컫는다. 풍랑이 일던 바다가 매일매일 끊임없는 고뇌에 휩싸여 있는 중생들의 마음을 비유한 것이라면 풍랑이 멈춘 고요한 바다는 깨달음을 얻은 부처의 마음을 비유한 것이라 할 수 있다.

1천200여 년의 세월을 간직한 고사목

해인사가 창건된 것은 802년. 신라 애장왕哀莊王 3년이다. 해동 화엄종의 초조初祖 의상대사의 법손인 순응順應 화상과 그 제자인 이정理貞화상에 의해 창건됐다. '해인사지海印寺誌'엔 창건과 관련된 설화가 실려 있다. 애장왕의 왕후가 등창병이 났는데 아무런 약을 써도 효험이 없었다. 사신이 두 스님을 찾아와 치료법을 물었다. 두 스님은 오색실을 사신에게 주면서 "이 실 한 끝을 궁전 앞에 있는 배나무에 매고, 다른 한 끝을 아픈 곳에 대면 병이 나으리라"고 했다. 그대로 시행했더니 배나무는 말라 죽고, 왕후의 병은 나았다. 감읍한 애장왕은 전

陝川
海印寺

겸재 정선이 그린 '해인사전경'. 하늘 향해 치솟은 가야산, 아름다운 홍류동계곡, 그리고 고즈넉한 해인사의 모습을 확인할 수 있다.

답 2천500결結을 보내오고, 창건 공사를 직접 감독하기도 했다.

일주문에서 노거수 사이로 약 100m가량 비탈진 길을 오르면 '해인총림海印叢林'이란 편액이 걸린 3칸 맞배집이 나온다. 총림이란 승려들의 참선수행 전문도량인 '선원', 경전 교육기관인 '강원', 계율 전문교육기관인 '율원' 등을 모두 갖춘 사찰을 말한다. 총림으로는 우리나라에서 해인사를 비롯해 5개 사찰뿐이다.

불이(不二)의 참 뜻을 마음에 새기며!

해인사의 제3문인 '해탈문解脫門'을 지난다. 불이문不二門이라고도 한다. 불이는 둘이 아닌 경지라는 뜻으로, 근본 진리는 오직 하나이고 둘이 아니며 하나를 깨달으면 백 가지에 통할 수 있다—通百通는 것을 의미한다. 너와 내가 둘이 아니며, 만남과 이별도 둘이 아니라는 뜻을 담고 있다. 나아가 시작과 끝도 둘이 아니고, 삶과 죽음이 둘이 아니며, 부처와 나도 둘이 아니라는 깊은 뜻도 있다.

'구광루九光樓'를 거쳐 해인사의 주법당인 '대적광전大寂光殿'을 찾는다. 대적광전 앞 계단 석재들은 장경판전 뒤편에 있었던 돛대바위를 이용해서 만든 것이다. 돛대바위는 해인사가람에 있어 선장 역할을 하던 존재였는데 일제 때 일본 장교가 돛대바위를 깨트리고 그것을 이용해 지금의 계단을 만들었다.

1915년 촬영한 해인사 모습.

비로자나불을 모시고 있는 대적광전에는 여섯 개의 주련이 있다. 주련柱聯은 기둥이나 벽에 장식으로 써서 붙이는 글귀를 일컫는다. 정면에서 봤을 때 오른쪽 두 점은 고종이, 나머지 네 점은 고종의 생부인 흥선대원군이 쓴 글이다. 15세 때 쓴 고종의 글씨가 단아한 반면 흥선대원군의 글씨는 세상의 풍파를 견뎌낸 그의 인생처럼 활달하고 거칠 것이 없다. '곳곳에서 부처님의 공덕을 찬양하네'란 뜻을 적은 주련에서는 처음 한 번만 처處자를 쓰고, 두번 째 처자는 같은 글자라는 의미로 이수〻만 쓰는 호방함도 흥선대원군은 보여주고 있다. 대적광전에는 네 개의 현판이 있는데 안평대군과 해강 김규진의 글씨가 걸려 있다.

1천200여 년의 세월을 간직한 해인사에는 둘러봐야 할 곳이 너무도 많다. 느린 걸음과 여유로운 마음을 갖고 경내를 거닐다보면 어느사이 마음이 깨끗해진다. 다시 일주문을 나오는 길. 해인삼매의 뜻을 되새겨본다. 고요한 바다에 삼라만상이 비치듯이 모든 세상 사람들의 번뇌와 망상의 파도도 멈춰 평온한 바다처럼 마음이 평안해지기를 기원해본다.

가야산 지킴이
신은주 가야산 환경안내원

"마음을 닦고, 나를 발견하는 데 해인사만한 사찰이 없다고 봅니다." 가야산국립공원 관리사무소 '자연환경안내원'으로 활동하는 신은주(31 · 사진) 씨는 해인사는 청정한 기운이 감도는 사찰이라고 자랑했다. 지난 2004년부터 자연환경안내원으로 일하는 신 씨는 가야산과 해인사를 찾은 사람들에게 갖가지 정보를 알려주는 데 애쓰고 있다. 1시간 30분 정도 걸리는 해인사 탐방 프로그램을 하루 2, 3차례씩 진행한다. 신 씨가 1년 동안 만나는 사람이 2천여 명에 달할 정도로, 해인사와 가야산의 '홍보대사' 역할을 톡톡히 하고 있다.

신 씨는 "가야산은 아기자기하고 모양새가 예쁜 산"이라며 "숲과 바위가 어우러져 금강산에 비견되기에 충분하다"고 했다. 가야산을 찾은 탐방객들을 위해 안내를 하다 보니 가보지 않은 곳이 없을 정도로 가야산에 훤하다. 신씨는 해인사를 찾은 사람들에게 조언(助言)도 잊지 않는다. "해인사를 찾은 분들 대부분이 관광하듯이 사찰을 둘러봐 안타깝지요. 우리나라를 대표하는 스님들의 수행처인 만큼 청정한 기운 속에서 마음을 가다듬고, 스스로를 되돌아보는 자세가 바람직합니다."

팔만대장경 —5천200만자 행간마다 숨쉬는 민족혼

● ● ● 우리나라를 대표하는 명필인 추사秋史 김정희金正喜. 전국
곳곳 사찰에서 추사의 글씨가 적힌 현판을 볼 수 있지만 해인사에서는 그의
글씨로 된 현판을 찾아볼 수 없다. 해인사와 인연이 닿지 않아서가 아니었
다. 추사의 부친인 김노경이 경상도 관찰사로 있을 때 해인사를 중창하게
되는데 이때 김노경은 추사로 하여금 해인사 대적광전 건립을 위한 권선문
(勸善文:시주를 권하는 글)과 건물의 상량문上樑門을 짓게 했다. 감색비단에 금
니(金泥:아교에 갠 금박 가루)로 쓴 추사의 상량문이 해인사에 보관돼 있다.

해인사에 추사의 글씨로 된 현판이 없는 것은 팔만대장경 때문이다. 추
사는 경판의 글씨를 보고 "이는 사람이 쓴 것이 아니라 마치 신선이 내려
와서 쓴 것 같다"고 찬탄하며 해인사에는 현판으로 쓰기 위한 글씨를 남기
지 않았다.

민족의 혼이 담긴 팔만대장경!

해인사가 법보종찰法寶宗刹이 된 것은 팔만대장경八萬大藏經을 봉안하고 있어서다. 불보佛寶사찰인 통도사, 승보僧寶사찰인 송광사와 더불어 해인사는 우리나라 3보사찰로 꼽힌다. 8만 2천여 판에 달하는 이 장경판에는 부처의 가르침이 고스란히 담겨 있다.

5천200만 자의 구양순체 글자들은 한결같이 꼴이 아름답고, 일정하기 그지 없다. 한 글자를 새길 때마다 세 번 절하는 정성으로 만든 팔만대장경엔 우리 민족의 혼이 오롯이 녹아들어 있다. 세계 최고의 역사를 가진 대장경은 민족의 보배(국보 제32호)이며, 세계문화유산으로 자리매김하고 있다.

잘 알다시피 팔만대장경은 몽골의 침입을 불법佛法의 힘으로 막아보고자 하는 뜻에서 만들어졌다. 1236년부터 1251년까지 꼬박 15년이 걸린 대역사였다. 경판의 크기는 가로 70cm, 세로 24cm 내외다. 두께는 2.6~4cm이며 무게는 3~4kg.

경판을 만드는 데엔 주로 산벚·돌배나무가 쓰였다. 짧게는 30년, 길게는 40~50년생 나무 중 굵기가 40cm 이상이고, 옹이가 없는 나무가 경판재로 선택됐다. 나무를 벌채한 후 얼마간(1, 2년)은 현장에 통나무 상태로 눕혀뒀을 가능성이 높다. 꼿꼿하게 서 있을 때의 생장응력生長應力을 없애기 위해서다. 응력을 제거해야 건조할 때의 갈라짐과 비틀어짐을 막을 수 있다.

나무를 켜서 판자를 만든 다음에는 소금물에 삶아 말렸다. 경판이 뒤틀리지 않고, 글자를 조각하기 쉽도록 하기 위해서였다. 또 벌레 알들이 경판을 새긴 후 애벌레가 되어 경판을 파먹는 일이 없도록 소금물에 삶은 것이다. 건조시키기, 판자다듬기 과정을 거친 후에야 경판에 경을 새기는 작업을 시작했다. 정밀하게 교정해둔 판하본板下本을 경판 위에 고루 풀칠하고 붙였다. 경판을 새기기 직전에 식물성 기름을 얇게 바르고, 경판을 새겼다. 장인 한 사람이 하루에 30~50자를 새기는 말 그대로 '혼을 불어넣는' 인고의 작업이었다. 경판 한 장에 새겨진 글씨는 앞뒤를 합쳐 약 640자다. 한글, 김치, 태권도와 더불어 팔만대장경은 우리나라가 자랑스럽게 세

팔만대장경을 보관하고 있는 해인사 장경판전. 양쪽으로 길게 자리잡은 건물 중 왼쪽이 법보전, 오른쪽이 수다라장이다. 아래창과 위창의 크기가 서로 다르게 만들어져 건물 내부의 습도를 일정하게 유지하고 있다.

계에 내세울 수 있는 문화유산이다.

신비로운 장경판전!

팔만대장경판이 해인사로 옮겨진 것은 조선 태조 7년(1398년). 이 무렵 대장경판을 보관하기 위해 장경판전을 만들었다. 그후 수차례 중수를 거쳤다. 해인사에 남아 있는 건물 중 가장 오래된 것이 장경판전이다.

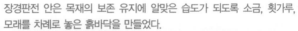

장경판전 안은 목재의 보존 유지에 알맞은 습도가 되도록 소금, 횟가루, 모래를 차례로 놓은 흙바닥을 만들었다.

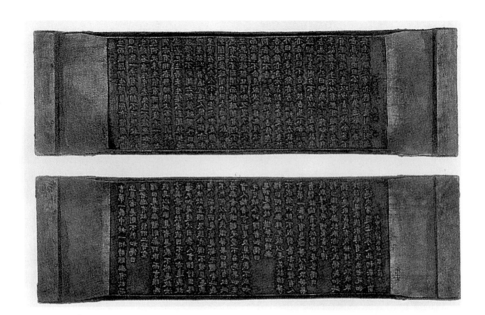
한 글자를 새길 때마다 세 번 절하는 정성으로 만든 팔만대장경경판

　해인사 주법당인 대적광전 뒤편에 장경판전은 자리잡고 있다. 경내의 맨 뒤쪽 가장 높은 곳에 입지한 것은 그만큼 장경판전이 중요하다는 뜻이다. 장경판전 마당에서 볼 때 바깥 쪽에 해당하는 앞 건물은 수다라장, 뒤에 있는 건물은 법보전이다. 가야산 중턱에 해당되는 약 655m의 높이에 서남향으로 앉았다. 주변 지형은 북쪽이 높고 막혀 있으며, 남쪽 아래로는 열려 있다. 남쪽 아래에서 북쪽으로 불어 올라오는 바람이 자연스럽게 판전 건물을 비스듬히 스쳐 지나가게 되어 있다. 홍류동계곡에서 불어온 공기의 습도가 어느 정도 떨어지는 곳이기도 하다.

　수다라장과 법보전 두 건물의 각 벽면에는 위아래로 두 개의 창이 이중으로 나 있다. 흥미로운 것은 아래창과 위창의 크기가 서로 다르다는 것이다. 건물의 앞면 창은 위가 작고 아래가 크며, 뒷면 창은 아래가 작고 위가 크다. 큰 창을 통해 건조한 공기가 건물 안으로 흘러들어오게 함과 동시에 가능한 한 그 공기가 골고루 퍼진 후에 밖으로 빠져나가도록 하기 위해서다. 소금, 숯, 횟가루, 모래를 차례로 놓은 판전 내부 흙바닥은 습기가 많을 때는 머금고, 습기가 없을 때는 내보내 목재 보전 유지에 알맞은 습도를 유지하도록 되어 있다. 경판의 변형을 줄일 뿐만 아니라 해충의 침입까지 막을 수 있도록 했다.

판전이 서 있는 곳은 삼재(三災: 풍재 수재 화재)가 들지 않는 터에 해당된다. 해인사가 창건된 이후 전역이 전소될 만큼의 큰 화재만 9차례가 났지만 판전이 위치한 곳까지는 화기가 미치지 않았다.

장경판전은 신비로운 모습을 많이 간직하고 있다. 판전 지붕 밑에는 거미줄이 쳐지지 않는다. 또 판전 내부로는 벌레들이 침입하지 못하며 지붕 위에는 새가 앉지 않는다는 등 신기한 일이 적지 않다는 얘기다. 그리고 수다라장 입구에는 일 년에 딱 두 번 연꽃무늬 그림자가 생기는데, 절기 중에 봄과 가을을 알리는 춘분과 추분 이 두 날에만 그림자가 생긴다는 것이다. 두 개의 장경판전 그리고 고려각판을 보관하고 있는 동·서 사간판전 등 네 개 건물의 기둥 수를 모두 세면 108개가 된다. 팔만대장경과 함께 장경판전도 국보이며, 유네스코 세계문화유산으로 등록돼 있다.

희랑대와 희랑조사상 이야기
−화엄학 대가 희랑조사 수행 도량

• • • 금강산 내금강에 있는 보덕암普德庵. 보덕굴로도 잘 알려진 이 암자는 20m가 넘는 절벽 위에 자리잡고 있다. 7m가 넘는 기둥에 의지해 벼랑 끝에 세워진 암자의 모습은 마치 제비집을 보는 것처럼 아슬아슬하다. 가야산에 가면 그 광경이 보덕암에 비견되는 암자를 만날 수 있다. 바로 해인사 뒤편에 있는 희랑대希朗臺다. 희랑대는 해인사를 크게 중창한 희랑조사와 얽힌 사연도 담고 있어 그 기이한 풍경과 함께 신비감을 더해주는 곳이다.

가슴에서 흘러내린 피로 모기를 불러모아!

해인사 뒤편 희랑대 가는 길. 백련암과 가는 길이 같다. 20여 분 정도 걸

해인사 희랑대는 자연이 이루어낸 기묘한 지형과 빼어난 경치로 일찍이 금강산의 보덕굴에 비유되곤 했다.

희랑조사가 크게 중창한 해인사가 눈 덮인 가야산에 둘러싸여 고즈넉한 풍경을 자아내고 있다.

으면 희랑대와 백련암 갈림길이 나온다. 왼쪽 길로 100여m를 가면 희랑대가 나타난다. 희랑대는 해인사와 백련암의 중간지점에 위치하고 있다. 요사(寮舍:스님들이 거처하는 방이 있는 집) 건너 희랑대가 벼랑에 '매달려' 있다. 크고 작은 돌로 축대를 만들어 암자는 터를 잡았다. 족히 보아도 벼랑이 20여m가 넘을 것 같다. 자연과 인간이 한데 어우러져 만들어낸 아찔하고도, 신비로운 풍경이다.

희랑대는 그 암자 이름에서 알 수 있듯이 희랑조사가 머물던 곳이다. 희랑조사(889~956)는 통일신라시대 말기부터 고려시대 초기까지 활동한 해인사의 고승이다. 화엄학華嚴學의 대가였던 스님은 고려 태조 왕건을 도와 후삼국을 통일하는 데 큰 공을 세웠으며 해인사를 중창하기도 했다.

성보박물관에 있는 목조 희랑조사
상은 노스님의 반듯한 모습이 사
실적으로 묘사돼 있다. 특이하게
도 가슴에 구멍이 뚫려 있다.

해인사 성보박물관에 보관돼 있는 '조사도(祖師圖·1892년 제작)'를 보면
해인사를 창건한 순응, 이정 스님과 함께 그려질 만큼 희랑조사는 불법을
크게 일으킨 인물로 추앙받고 있다.

　희랑대는 희랑조사와 관련된 흥미로운 전설을 간직하고 있다. 스님이 희
랑대에 머물던 무렵 가야산 해인사에는 모기가 많기로 유명했다. 수도를
하는 스님들이 모기 때문에 정진을 못하자, 희랑조사는 자신의 가슴에 구
멍을 뚫어 모기들에게 피를 '보시'했다는 것이다. 그러자 해인사의 모든

모기들은 희랑대로 모여들었고, 다른 스님들은 편안히 정진할 수 있었다고 한다. 하늘의 신장神將을 부를 정도로 희랑조사는 법력이 높았다는 얘기도 있다. 후삼국 시대의 전란을 딛고 화엄종을 중흥시킨 희랑조사의 업적을 두고, 스님과 교분을 나눈 고운 최치원은 여섯 수의 시에서 스님을 문수보살에 비유하고 있다.

희랑대 뒤 큰 바위 곁에는 희랑조사가 심었다는 노송 한 그루가 있었으나 10여 년 전 말라 죽었다. 희랑대 뒤 삼성전三聖殿에 모신 독성獨聖 나반존자那畔尊者는 그 영험이 불가사의해 여러 이야기가 전해지고 있다. 나반존자는 말법시대에 나타나 미륵불이 오기 전까지 중생들에게 복을 주고 재앙을 없애며 소원을 들어주는 존재다. 1940년 희랑대를 중창할 무렵 본래 계획은 암반 위에 2칸 6평으로 계획했다. 그러나 목수의 꿈에 한 노인이 나타나 두 칸은 너무 적으니 3칸으로 지어달라고 해 3칸으로 지었다는 것. 꿈에 나타난 노인이 바로 독성 나반존자라는 얘기다.

원만무애의 깨달음을 담은 희랑조사상!

해인사 들머리에 있는 성보박물관. 이 곳에 가면 다양한 불교 유물을 볼 수 있는 것은 물론 대장경 인경 체험도 가능하다. 박물관 1층에 마련된 전시실을 찾으면 나무로 만든 희랑조사상을 만날 수 있다. 10세기 중엽에 만들어진 것으로 추정되는 이 조각상은 희랑조사의 모습을 사실적으로 묘사한 것으로 유명하다. 우리나라에서 가장 오래된 목조 초상조각으로 초상기법이나 불상양식연구에도 중요한 자료가 되고 있는 유물이다.

희랑대에 얽힌 전설처럼 조사상을 보면 특이하게도 가슴 한가운데 조그만 구멍이 뚫려 있다. 제자들의 수행을 위해 가슴에 구멍을 뚫어 피를 흘려 모기를 불러모았다는 희랑조사의 전설을 조각상은 고스란히 보여주고 있다. 또 희랑조사가 직접 조각상을 만들면서 자신이 전생에 흉혈국胸穴國 사람임을 표시하기 위해 구멍을 뚫었다는 전설도 있다. 흉혈국 사람들은 가슴에 있는 구멍을 통해 불법의 기운을 내쏘았다는 것이다.

희랑조사상을 보면 살아 있는 스님을 뵙는 듯 생생하다. 형형하면서도 온화한 눈빛, 광대뼈 튀어나온 볼, 오뚝한 코, 부드럽게 다문 입, 서로 포개진 앙상한 손 등 마음씨 넉넉한 노승의 풍모를 고스란히 담고 있다. 또 철썩 같은 수도와 내공으로 다져진 의연함과 단호함도 느낄 수 있다. "차 한잔 들고 가지喫茶去"하며 길손을 맞을 것 같은 모습이다. 해인사의 이름이 유래된 화엄경의 '해인삼매(海印三昧:온갖 번뇌가 끊어진 고요한 상태)'의 경지를 조각상은 잘 보여주고 있다는 생각이 든다.

은은한 기품이 감도는 희랑조사상은 전통 조각사에서도 가장 뛰어난 걸작 가운데 하나로 꼽히며, 보물 999호로 지정돼 있다. 팔만대장경의 명성에 가려져 있지만, 해인사에서 가장 아끼는 조각 유산이다. 사람 앉은 키 높이인 82.7cm의 이 조사상은 나무로 만든 국내에서 가장 오래된 목조 초상조각이라는 점에서 미술사적 가치도 매우 크다. 나무 표면에 올이 고운 삼베를 붙이고 다시 그 위에 두껍게 채색을 했다. 비현실적으로도 느껴지는 불상 조각과 달리 인간미 넘치는 현실적 용모와 몸체를 그대로 살린 사실주의적 인물상이어서 더욱 정감이 간다.

세상이 어지러웠던 후삼국 시대와 고려 초기를 살았던 희랑조사. 앙상한 몸매와 세모진 턱, 눈꼬리와 이마의 주름 등에서 희랑조사가 겪었던 격동의 세월을 짐작할 수 있다. 하지만 스님의 얼굴에는 별다른 감정이 드러나 있지 않다. 산전수전 세파를 겪으며 지혜가 첩첩이 쌓인 때문인가. 스님의 입가엔 엷은 미소만 맴돌고 있다. 본심을 드러내지 않는 수행승의 은 인자중하고 사려깊은 면모가 절로 느껴진다. 원만무애圓滿無碍의 깨달음을 희랑조사상은 박물관을 찾은 이들에게 생생하게 보여주고 있다.

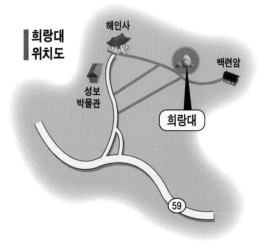

홍제암과 백련암 ─사명대사 · 성철 스님 일갈 들리는 듯

• • • 창건된 지 1천200년이 넘은 법보종찰 해인사海印寺. 그 장구한 역사만큼이나 수많은 고승과 선승을 배출한 사찰로도 명망이 높다. 해인사에서 정진했거나, 해인사와 인연을 맺은 고승 · 선승들이 밤 하늘의 별처럼 많다 보니 일일이 열거하기 어려울 정도다. 해인사 본사는 물론 16개에 이르는 암자마다 고승들의 숨결과 발자취가 고스란히 배어 있다. 특히 '산 좋고 물 맑은' 가야산에 터를 잡은 암자들을 찾으면 그 청정한 기운 속에서 고승들의 설법을 다시 듣는 것처럼 몸과 마음이 정갈해진다.

네 개로 쪼개졌다 다시 붙여 세워진 사명대사비!

해인사 일주문에서 서쪽으로 200여m를 가면 조그만 암자가 나온다. 홍

홍제암은 임진왜란 · 정유재란 때 승병장으로 활약한 사명 대사가 입적한 곳으로 유명하다

제암弘濟庵이다. 이곳은 사명四溟 대사가 입적한 곳으로 유명하다. 법명이 유
정惟政, 호가 사명당四溟堂인 스님(1544~1610)은 임진왜란 · 정유재란 때 승
병장으로 크게 활약했다. 전란이 끝난 후 이곳에 머물던 스님이 열반에 들
자 광해군은 '자통홍제존자慈通弘濟尊者'란 시호를 내렸고, 암자 이름도 여기
에서 유래됐다.

홍제암을 찾은 날, 동장군이 맹위를 떨쳐서인지 암자는 고즈넉하다. 암
자 마당에 있는 커다란 수조에는 얼음 기둥이 만들어졌다. 사명 대사가 살
았던 시절도 이 매서운 겨울처럼 춥고 엄혹한 시절이었다. 왜인들의 침략
으로 나라의 운명이 바람 앞의 등불처럼 위태로웠고, 전란 속에서 민초들
의 삶은 고달팠다.

서산西山 법맥의 적통으로 누란의 시절을 살았던 스님에게 진과 속은 구분없는 한마당 삶의 무대였다. 수행승의 면모는 물론 국가의 위기를 외면하지 않고 몸소 나서 해결하려 했던 양면을 겸비한 것도 스님의 이 같은 생각이 밑바탕이 됐다. 무공을 세운 장수이거나 외교적 성과를 이룬 외교 수완가일 뿐만 아니라 그 시대에 가장 탁월한 안목을 지녔던 지성인, 경륜가로서의 면모도 스님은 잘 보여준다.

여러 차례 중수한 탓에 홍제암에서 사명 대사의 발자취를 찾기는 힘들다. 오히려 암자 옆에 있는 스님의 사리를 봉안한 부도와 그 행장을 기록한 석장비에서 스님의 숨결을 느낄 수 있다. 조선 후기를 대표하는 거대한 종 모양의 부도는 당당한 형태와 조형미를 갖추고 있다. 기단은 하나의 돌로 2단을 이뤘는데 아랫단은 사각형이고 윗단은 둥근 형태다. 그 위에 종 모양의 몸돌을 올려놓았고, 꼭대기에는 연꽃 봉오리 모양의 보주를 올려놨다.

사명 대사의 일대기를 기록한 석장비는 최초의 한글소설 '홍길동전'으로 유명한 허균許筠이 지었다. 문장이 빼어날 뿐만 아니라 대사의 행장이 비교적 소상하게 적혀 있어 역사적 가치도 높다.

사명 대사 석장비

가야산에서 으뜸 가는 절승지로 꼽히는 백련암은 성철 스님이 입적하기 전까지 주석한 곳으로 잘 알려져 있다.

더불어 이 비에는 나라 잃은 아픔도 스며 있다. 일제 강점기 때인 1943년 비문의 내용이 민족혼을 불러일으킨다는 이유로 일본인 합천경찰서장 다케우라竹浦가 주동이 돼 비를 십자로 깨뜨려 파묻었다. 1958년 다시 비를 접합해 세웠는데, 비에는 열 십자十字 흉터가 생생하게 남아 있다. 비를 쪼갰던 일본인 서장은 통영경찰서장으로 전보 발령돼 7일 만에 피를 토하고 죽었다는 얘기도 전해오고 있다.

성철 스님 자취 서린 백련암!

'해인사지'는 가야산에서 홍제암, 원당암, 백련암白蓮庵을 가장 유서 깊고, 경치가 아름다운 3곳의 암자들로 꼽고 있다. 백련암은 산내 암자 가운데서도 가장 높은 곳에 위치해 한적하고, 경계 또한 탁 트여 시원하다. 암자 주변에 우거진 노송과 환적대, 절상대, 용각대, 신선대와 같은 기암이 병풍처럼 에워싸고 있어 옛날부터 백련암을 가야산의 으뜸 가는 절승지로 일컬어왔다.

오래전부터 고승들이 수행처로 삼아온 이곳은 역대로 산중 어른들이 주석한 곳으로 잘 알려져 있다. 소암 대사를 비롯 환적, 풍계, 성봉, 인파 대사와 같은 스님들이 주석해왔고 성철 스님이 입적하기 전까지 주석한 곳으로 유명하다.

백련암 원통전 앞에는 커다란 바위 하나가 우뚝 서 있다. 부처님의 얼굴과 같이 생겼다고 해서 불면석佛面石이라 부른다. 전설에 의하면 실로 당겨도 바위가 당겨온단다.

아침부터 내린 비로 촉촉이 젖은 백련암에 서니 성철 스님의 "산은 산이요, 물은 물이로다"라는 말씀이 떠오른다. 무소유의 청빈한 삶으로 아직도 대중들의 기억 속에 남아 있는 스님의 자취를 백련암 곳곳에서 찾을 수 있다. 어느 사진에서 봤던 댓돌 위에 놓여 있던 스님의 털신도 생각이 난다.

속세와 관계를 끊고 오로지 구도에만 몰입했던 스님은 대구 파계사 성전암에서 행한 8년간의 장좌불와(長坐不臥: 밤에도 눕지 않고 앉아서 수행하는 것)와 10년 간의 묵언默言 등으로 세인들에게 각인돼 있다. 조계종 종정으로 추대된 이후에도 세상에 나오지 않고 백련암에서 수도를 계속했다. '가야산 호랑이'로 불리며 20세기 한국 불교를 대표하는 선승禪僧이었던 스님은 1993년 열반에 들면서 열반송을 남겼다.

 '일생 동안 남녀의 무리를 속여서/ 하늘을 넘치는 죄업은 수미산을 지나친다/ 산 채로 무간지옥에 떨어져서 그 한이 만 갈래나 되는지라/ 둥근 한 수레바퀴 붉음을 내뿜으며 푸른 산에 걸렸도다'

폐허로 남은 가야산 암자들

-백운동 곳곳 사찰·암자 폐허들 '천년무상'

• • • 국보 1호 '숭례문崇禮門'이 화마에 휩쓸려 처참하게 무너져내렸다. 610년을 버텨 온 자랑스럽고, 소중한 문화재가 우리가 사는 이 시대에 검은 잿더미가 되고 말았다. 붉은 화염 속에 스러져 가는 숭례문을 보며 국민들의 마음은 새까맣게 타들어갔고, 문화文化 민족이란 자존심에 씻을 수 없는 상처를 입었다. 몇 백억 원을 들여 똑같은 모습으로 복원하더라도 그것은 예전의 숭례문이 아니다. 역사적 가치는 물론 추억조차 지니지 못한 21세기의 건축물일 뿐이다.

무관심과 방치, 소홀함, 그리고 탄압 등에 의해 우리 곁을 떠난 문화재가 비단 숭례문뿐일까? 알게 모르게 스러져간 문화재들이 너무도 많다. 국보인 숭례문에 비견될 수 없겠지만 불교가 융성했던 가야산 동남쪽에도 사라진 문화재들이 많다. 바로 폐허로 변한 사찰과 암자 등 불전佛殿들이

일요암 터에 있는 육대신장과 그 주변 돌들은 가야산 비경과 어울려 신비감을 자아낸다.

다. 나무와 잡초들이 무성한 사찰과 암자 터에 서면 사라진 것에 대한 진한 아쉬움과 함께 아련한 아픔이 느껴진다.

육대신장 있는 일요암 터!

성주군 수륜면 백운리를 출발, 용기골 등산로를 오르면 백운2교가 나온다. 이곳을 지나 50여m를 더 가면 서성재로 오르는 등산로와 마애여래입상으로 가는 갈림길을 만나게 된다. 북쪽으로 난 마애여래입상 가는 길을 따라 300m 가량을 가면 다시 갈림길이 나오는데, 북쪽으로 난 길을 200여m 더 오르면 일요암日曜庵 터의 축대가 눈에 들어온다.

일요암지엔 현재 4단의 축대가 남아 있다. 암자의 터는 동서로 34.2m, 남북으로 20m다. 제1단 축대에서 주춧돌 흔적은 찾을 수 없으나 토기편과 와편이 산재해 있어 건물의 존재를 짐작하게 한다. 제2단 축대의 오른쪽엔 육대신장六大神將으로 불리는 육각형 기둥이 서 있다. 기둥의 직경은 60cm, 한 변의 길이는 30cm, 높이는 1.2m다. 각 면에는 정축신장, 정해신장, 정유신장, 정미신장, 정사신장, 정인신장이 음각돼 있다. 주위로는 18개의 장방형 석재가 수직으로 세워져 있다. 언제, 누가, 무슨 연유로 세웠는지 모르지만 육대신장과 그 주변의 돌들은 아름다운 가야산과 어울려 신비롭게 다가온다.

일요암지 북서쪽 일대에는 샘 두 곳이 있다. 또 육대신장 오른쪽 기암절벽 아래엔 선방禪房굴이 있다. 굴은 안으로 들어갈수록 점차 좁아지며 요즘도 이 선방굴에는 많은 무속인들이 찾아와 기도처로 삼고 있다.

세월의 더께 쌓인 암자터들!

일요암을 돌아나와 다시 서성재로 오르는 등산로를 따라 걷는다. 백운리 대피소에서 칠불봉으로 오르는 등산로를 따라 약 600m를 가다 보면 등산로 오른쪽에 백운암白雲庵 터가 나온다. 등산로에서 20m 정도 떨어져 있어 쉽게 찾을 수 있다.

백운암의 정확한 유래 및 연혁은 그 어느 문헌에서도 찾아보기 힘들다. 백운리 중기마을에 그 터가 남아 있는 법수사가 창건(802년)되면서 그에 따른 부속 암자로 세워졌을 것으로 추정될 뿐이다. 현재 암자 터에는 두 개로 이뤄진 축대가 남아 있다. 또 샘터와 와편 등 여러 가지 유물들도 널려 있다. 하단부만 남은 맷돌도 눈에 띈다.

법수사에 딸린 다른 암자들로는 도은암道恩庵, 보현암普賢庵, 미타암彌陀庵 등이 전해내려오고 있다. 도은암은 가야산 남쪽에 있는데 심원사와 8리(3.2km) 거리에 있었다고 한다. '성산지星山誌'에는 도은암에 대한 기록이

흰 눈이 소복이 내려 포근한 분위기가 감도는 백운암 터.

도은암 위쪽에 있는 백운대는 스님과 도인들의 수행처로 이름이 나 있다.

나온다. "멀리 앞을 바라보면 시야가 탁 트여 가히 수백 리를 볼 수 있구나. 서북쪽으로 깎아 선 바위벽에 이끼와 덩굴풀로 인해 푸른 벽을 둘렀고, 돌 틈 사이 방울방울 떨어지는 돌 샘과 무너진 옛터를 허겁지겁 오르면 옛날부터 일러온 백운대더라. 옛날부터 백운대는 도승이 거처하던 곳이었다"

　도은암이 있었던 도은암골은 동그라미골로도 불린다. 골짜기로 들어서면 도은폭포(도로에서 약 100m), 선녀담(仙女潭·도은폭포 위 약 20m) 등이 비경을 이루고 있다. 도은암골 중심에 웅장하게 서 있는 북바위(鼓岩:도로에서 약 500m)는 흰빛 화강암으로 큰 북을 닮아 그 이름이 유래했다는 것이다.

　용기사 서북쪽 2리(800m)쯤에 있었다는 미타암과 얽힌 이야기는 '삼국유사三國遺事'에 실려 있다. 신라 경덕왕 때 혜숙법사 등 신도 수십여 명이 만일(萬日:10년)을 기약하고 미타사를 건립했는데 이때가 서기 742년. 신도 아찬 귀진의 비婢 '욱면'이 귀진을 따라 입산해서 정성을 다해 염불, 성불했다. 욱면은 전생에 축생도畜生道에 있어 영주 부석사浮石寺의 소가 되어 불경을 싣고 다닌 후에 귀진의 집 여비로 태어났다는 것. 염불하기 9년 만에 사찰의 들보를 뚫고 뛰쳐나가 대광명을 발하고 부처가 되었다가 사라졌다는 얘기다.

　가야산 동남쪽에 암자들이 많이 들어서고, 융성했던 것은 당시 시대상황에서 그 배경을 찾을 수 있다. 통일신라에서 후삼국을 거쳐 고려로 넘어가는 어지러운 시기, 수많은 사람들이 세상의 풍파를 피해 가야산으로 숨어들었다. 이무렵 가야산은 수도장은 물론 세인들에게 동경과 피안彼岸의 땅이었으리라. 8세기 중반부터 1897년 용기사가 폐사되기까지 가야산 동남쪽 백운리 일대는 1천여 년 동안 불국토佛國土가 된 셈이다. 아직도 혼돈의 세상이 끝나지 않은 탓일까. 지금도 많은 사람들이 마음의 안식을 찾기 위해 가야산으로 발길을 돌린다.

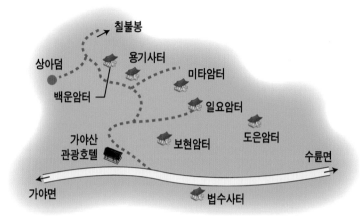

제6부

효와 의, 지조와 절개의 땅

가야산에 은둔한 최치원
─신라말 혼란 피해 홍류동 골짜기 은거

• • • • 고운孤雲 최치원崔致遠! 골품제 탓에 자신의 이상을
실현하지 못하고 세상을 등졌지만 그만큼 후세인들에게 추앙을 받
는 인물도 드물다. "최치원은 천황天荒을 깨치는 큰 공이 있었으므로
우리나라 학자들이 모두 종장宗匠으로 삼았다."(이규보의 '백운소설')
"문장으로 어느 누가 중화를 움직였나. 청하淸河의 치원이 처음으로
칭찬을 받았네"(이승휴의 '제왕운기') "최고운을 생각해보니/ 문장으
로 중국땅을 진동시켰네/ 무명옷 입고 갔다가 비단옷 입고 돌아오
니/ 나이는 스물아홉이 못되었네."(정지상의 시)

설총과 더불어 신라의 이군자二君子로 불리는 최치원은 좌절한 지
식인의 전형이랄 수 있다. 세상에 대한 미련을 버린 후 학처럼 구름
처럼 전국을 자유로이 떠돌았다. 우리나라 곳곳을 주유하다 보니

그와 관련된 유적이 50여 곳이나 된다. 경주 금오산(남산) 아래에는 고운이 고려 태조 왕건에게 글을 올린 곳이라는 상서장이 있고, 부산 해운대는 그의 자字 해운海雲에서 지명이 유래됐다. 특히 고운은 가야산과 떼려야 뗄 수 없는 인연을 맺었다. 속세를 피해 그가 마지막 은둔처로 삼은 곳이 바로 가야산이었고, 가야산에서 그 행적을 마감한 것이다.

고운의 마지막 흔적, 천년 수령을 지닌 전나무!

천년고찰 해인사海印寺 주법당인 대적광전大寂光殿에서 팔만대장경을 봉안

한국 유학사의 비조鼻祖인 고운 최치원의 족적이 깃든 가야산 홍류동계곡의 농산정.

고운 최치원 초상화

하고 있는 장경판전 가는 길. 작은 언덕 하나가 눈에 들어온다. 공사를 위해 쳐놓은 가림막의 쪽문을 열고 언덕에 오른다. 학사대學士臺다. 학사대라는 이름은 고운이 역임한 신라 한림학사란 벼슬에서 따왔다. 학사대에는 거대한 전나무 하나가 위엄있게 서 있다. 고운이 꽂은 지팡이가 자랐다는 수령이 1천년 이상 된 고목이다. 높이가 약 30m, 둘레가 5.1m 정도 되는 이 고목은 나무줄기가 지상 10m 높이에서 두개로 벌어져 있어 신비롭다.

전해오는 이야기에 따르면 이 전나무는 고운이 이 세상에 남긴 마지막 흔적이다. 말년에 고운은 제자들 앞에서 학사대에 지팡이를 꽂으며, "내가 살아 있다면 이 지팡이도 살아있을 것이니 학문에 열중하라"는 유언을 남기고 지금의 홍제암 뒤 진대밭골로 유유히 사라졌다. 그래서 이 전나무를 일러 고운 선생의 '지팡이 나무' 라고 부르기도 한다. 고운의 마지막은 학사대 전나무에서 보듯 다분히 전설적이다. 일부에서는 그가 우화등선羽化登仙한 것으로도 알려져 있다. 어느 날 숲 속에 갓과 신발을 남겨둔 채 자취를 감추어 버렸다는 이야기도 있다.

고운이 가야산에 은거하게 된 사연도 후세인들에겐 드라마틱하게 다가온다. 고운이 쓴 글에 '계림황엽鷄林黃葉 곡령청송鵠嶺靑松' 이라는 구절이 있었다. 국운이 기우는 신라(계림)와 갈수록 세력이 커져가는 송악(곡령)을 빗댄 것. 천년사직을 지닌 신라가 사양길에 접어든 것을 가슴 아프게 여겨

쓴 글이지만 아첨배는 물론 신라의 왕도 고운을 경계했다. 결국 처자를 거느리고 가야산에 입산했다.

산에 들어오는 도중, 한 노승이 산문 밖으로 나가는 것을 보고 고운은 절절한 심경을 담은 입산시入山詩를 남긴다. "스님이여 말씀마오 청산이 좋다고/ 산이 좋다면서 왜 다시 산을 나오나/ 저 뒷날 내 종적을 시험삼아 보게/ 한번 들면 다시는 안 돌아오리." 속세의 어지러움에 다시는 휩쓸리지 않겠다는 그의 결연한 의지를 엿볼 수 있다.

농산정과 고운암!

857년에 태어난 고운은 최언위, 최승우와 함께 신라말 '삼최三崔'라 불리며, 어려서부터 천재성을 드러냈다. 13세에 당나라에 유학을 가 18세에 빈공과에 합격했고, 승무랑시어사내봉공까지 승진했다. 특히 20대에 쓴 '토황소격문討黃巢檄文'은 중국에서 고운의 명성을 드높였다. "천하의 모든 사람이 너를 죽이고 싶어 할 뿐만 아니라 땅의 귀신들도 너를 죽이고자 의논하였을 터…." 농민 반란을 주도, 장안에 정권을 세우기

고운이 땅에 꽂은 지팡이가 자랐다는 1천년 이상 된 전나무. 지상 10m 높이에서 가지가 두 개로 벌어져 있다.

고운이 초막을 짓고 살았다는 곳에 자리 잡은 고운암.

도 했던 황소가 이 격문을 읽다 혼비백산, 자기도 모르게 침상에서 떨어졌다는 일화가 전해질 만큼 유명하다.

당나라에서 승승장구한 고운이었지만 신라로 돌아온 후 그의 삶은 불우했다. 6두품이었기에 골품제 사회였던 신라에서 많은 제약이 뒤따랐다. 왕에게 시무10조를 올리는 등 기울어가는 나라를 구하기 위해 힘을 쏟았지만 허사로 돌아갔다. 그 고단한 심경을 담은 한시가 전해온다. "가을바람에 괴로이 시를 읊건만/ 세상엔 날 알아주는 벗이 없어라/ 창 밖에는 깊은 밤 비 내리는데/ 등불 앞 내 마음은 만리 먼 곳에." 당나라에서 신라로 돌아온 후 쓸쓸히 지내던 고운이 당나라의 벗들을 그리워하며 쓴 것으로 짐작되는 시다.

붉은 단풍이 아름다운 가야산 홍류동계곡. 전국의 경승지를 주유하다 가야산에 은거한 고운은 홍류동 곳곳에 자취를 남겼다. 무릉교武陵橋로부터 회선암會仙岩에 이르기까지 고운은 경치가 빼어난 곳마다 일일이 이름을 지었고, 그 명칭이 지금까지 그대로 불리고 있다. 홍류동계곡에 있는 농산정籠山亭은 고운이 은거해 수도했다는 곳에 세워진 정자다. 후대 사람들이 고운을 기리기 위해 정자를 만들었다. 농산이란 정자의 이름은 고운의 시에서 따왔다. '바위골짝 치닫는 물 첩첩산골 뒤흔드니/ 사람 말은 지척에도 분간키 어려워라/ 세속의 시비 소리 행여나 들릴세라/ 흐르는 계곡물로 산 둘러치게 했나."

해인사 아래 마을인 치인리도 고운의 이름인 치원에서 유래했다. 치인리 서편에는 치인골이라는 골짜기가 있고, 그 끝자락에 고운암孤雲庵이 있다. 고운이 말년에 이곳에서 초막을 짓고 살았다고 해서 그의 호를 따서 암자 이름을 지었다.

시대를 만나지 못해 그 큰 뜻을 펴지 못하고 가야산에 은거한 고운. 그의 호처럼 당대에는 외롭고 따라주는 이가 없었지만 천년이 지나도록 그 명성은 면면히 이어지고 있다. 우리나라 최고最古의 문집인 '계원필경'을 남겼고, 우리나라에서 최초로 문묘에 배향된 인물이다. 신라에서 인정받지 못했던 그의 생각과 사상은 최승로 등을 통해 고려에서 화려하게 꽃을 피웠다. 세찬 비바람 속에서도 꿋꿋하게 자리를 지키는 저 웅혼한 가야산처럼 고운은 후세인들에게 훌륭한 사표師表가 되고 있다.

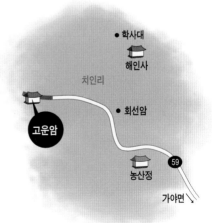

가야산을 닮은 고려말 선비 이숭인

—不事二君 충절 청명한 詩心으로 녹여내

• • • 선비의 고장인 영남에는 두 임금을 섬기지 않는다는 '불사이군不事二君'의 충절을 지킨 이들이 유달리 많다. 고려 말 절의를 지킨 삼은三隱을 비롯해 세조의 왕위찬탈에 항거한 사육신과 생육신, 무수한 사화에도 지조와 절개를 굽히지 않고 죽음으로 맞선 선비들까지…. 올곧은 정신과 높은 절의를 보여준 선비들은 후세인들에게 귀감龜鑑이 되고 있다.

고려 말 인물인 도은陶隱 이숭인李崇仁. 성주에서 태어나 가야산과 밀접한 인연을 맺기도 한 도은은 고려 왕조에 대한 절의를 지킨 선비로 널리 알려진 인물이다. 또 고결한 인품, 당대를 대표하는 문장과 학문, 그리고 맑은 정신세계를 표출한 시詩로도 유명하다. 특히 심원사 등 가야산을 소재로 한 그의 시는 속기俗氣가 없는 탈속한 경지를 보여줘 주목을 끈다.

야은 길재 대신 고려말 삼은三隱 추앙

고려 말 삼은이라 하면 흔히 목은牧隱 이색李穡, 포은圃隱 정몽주鄭夢周, 야은冶隱 길재吉再를 꼽아왔다. 그러나 수십여 년 전부터 야은 대신 도은 이숭인을 삼은에 포함해야 한다는 의견이 끈질기게 제기 되고 있다.

도은 이숭인 초상화

사학자 이병도(1896~1989)는 삼은에 도은을 넣은 이유를 다음과 같이 얘기한 적이 있다. "도은이 문장가로서 목은, 포은과 함께 이름을 떨치고, 또 당시 함께 경학을 구하여 대성황을 이루고, 또 같이 수사修史사업에도 참여했던 만큼 이 삼은이야말로 당시 여말학계의 중진이요 거벽이었던 까닭에 그러한 것 이다. 이상과 같은 이유에서 나는 여말삼은이라 하여 재래의 삼은과는 조 금 달리 한 것이다"라고 했다. 호암 문일평(1888~1939)도 "세간에서 문장 을 말하는 이 혹은 익재와 목은을 병칭하여 이이二李라고 하며 또 목은 포 은 도은을 병칭하여 삼은이라고도 한다"고 평했다.

도은 이숭인(1347~1392)은 가야산 자락인 성주군 용산리(지금의 성주초 교)에서 태어났다. 목은 이색의 제자인 도은은 어려서부터 문재가 뛰어나 16세에 등과登科한 후 포은과 함께 실록을 편수하고, 명나라에 사신으로 다 녀오기도 했다. 명나라 황제는 도은이 지은 표表를 보고 "표의 문사가 참으로 간결하다"고 했고, 중국 사대부들이 도은의 저술을 보고 탄복하지 않는 사람이 없었다. 벼슬은 밀직제학, 예문관제학, 동지춘추관사 등을 지냈다.

공양왕 4년인 1392년 포은이 선죽교에서 살해된 후 도은은 포은의 일당으로 몰려 유배당했고, 전남 남평(지금의 나주)에서 정도전의 심복인 황거정에 의해 장살杖殺당했다. 46세를 일기一期로 고려왕조를 위해 순절한 것. 도은의 제자인 태종 이방원은 스승의 죽음을 전해듣고 "도은의 문장과 덕망은 내가 사모해왔다"고 애통해했다.

성주 출신으로 일부에서 고려 말 삼은의 한 사람으로 꼽히는 도은 이숭인은 가야산을 자주 오가며 청신하고 고아한 시를 많이 남겼다. 구름이 한바탕 조화를 부리는 성주 백운동 쪽 가야산.

도은 숨결 깃든 수륜면 청휘당

멀리 가야산 자락이 보이는 성주군 수륜면 신파동에 있는 청휘당晴暉堂. 고려 왕조에 절의를 지킨 도은의 숨결과 혼이 깃든 곳이다. 우왕 2년(1376) 에 북원北元의 사신을 물리치자는 상소를 올렸다가 고향인 성주로 유배된 도은은 청휘당을 짓고 후학들에게 인仁과 효孝, 의義를 가르쳤다. 그 당시의 심경을 담은 청휘당 감흥사수感興四首가 전해온다. "화롯불 붉게 달아 장막 안 따뜻하니 졸음이 짙게 밀려와/ 산봉우리에 가득히 눈이 펑펑 쌓이는 것도 몰라라/ 새벽녘 맑은 흥취 일어 문열고 나서면/ 신선세계 은빛 누리에 사람의 발자취 묻혔으리." 가야산이 바라다보이는 청휘당에서의 고아한 정취가 묻어나는 시다.

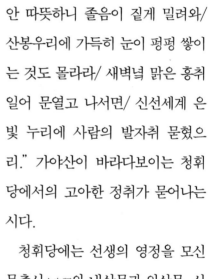

청휘당에는 선생의 영정을 모신 문충사文忠祠와 내삼문과 외삼문, 신도비 등이 있다. 도은의 문하생이던 태종 이방원은 후일 도은에게 문충文忠이란 시호諡號를 내렸고, 문충사는 도은의 유업을 추모하는 곳이 됐다. 사당에 모셔져 있던 도은의 영정은 수년 전 도둑맞았고, 지금은 새 영정을 모셨다. 500여 수의

도은의 숨결과 혼이 깃든 성주군 수륜면 청휘당.

주옥 같은 시문이 수록된 도은집 목판과 도은의 스승인 목은 이색이 쓴 기
문記文 액자도 눈에 띈다. 태종 이방원은 권근, 변계량에게 도은의 유집을
발간 배포토록 했으며 금속활자로 도은집을 찍어내기도 했다.

맑고 신선한 詩風 동방 제일 평가

"동방의 제일"이라는 극찬까지 받은 도은의 시는 맑고 푸른 가야산처럼
청신淸新한 매력을 갖고 있다. 가야산 자락에서 태어나고 젊어서부터 가야
산을 오갔기에 도은의 시는 가야산을 닮을 수밖에 없었다. 여말 격변기에
도은은 현실과의 갈등 속에 전원으로 돌아갈 것을 꿈꿔보기도 하지만 선

비로서의 이상을 견지하며 꺼져가는 고려 왕조를 지키려 했고, 맑은 정신 세계를 시로써 승화시켰다.

"아득한 세모歲暮 하늘에/ 첫눈이 산천에 깔렸네/ 새들은 산중의 나무를 잃었고/ 스님은 돌 위에 샘을 찾네/ 주린 까마귀는 들 밖에서 울고/ 얼어 붙은 버드나무는 시냇가에 누웠네/ 어느 곳에 인가가 있는지/ 저 멀리 숲 에서 흰 연기가 나네." 억지로 기교를 부리지 않으면서도 맑고 깨끗한 경 지를 잘 드러내는 도은의 시다. 가야산 자락에 쌓인 흰 눈과 밥짓는 연기 가 나는 민가가 눈에 보이는 것처럼 선하다. "도은의 시어는 씻은 듯이 깨 끗하여 한점 티끌도 없다"는 목은의 말처럼 세속의 번잡함을 잊으려는 도 은의 마음이 시에 담겼다.

시품詩品은 인품人品에서 나온다는 말처럼 가야산을 닮아 티끌없는 인품 을 지닌 도은이 쓴 시들이 다시 가야산을 닮아 청신한 기풍을 뿜어내는 것 은 너무나도 당연한 일이라는 생각이 든다.

가야산 지킴이

이시웅 전 성주향토사연구회장

"성주는 선비의 고을이자 예禮의 산실이지요. 성주
의 역사와 문화에 대한 관심과 더불어 앞으로 활발한
연구가 이뤄져야 합니다." 성주향토사연구회 회장을
역임한 이시웅(64·사진)씨. 2003년 결성된 성주향토
사연구회는 성주의 역사와 문화를 연구하는 연구자들
은 물론 교사, 공무원, 언론인 등 30여명으로 구성된 연
구 및 친목 단체다. 초대 회장을 맡은 이씨는 '향토사지'
발간을 주도하는 등 연구회 활동에 크게 공헌하고 있다.

이씨는 "그동안 우리의 역사·문화에 대한 연구는 중앙
을 중심으로 이뤄져왔다"며 "그 결과 지방의 역사와 문화가 제대로 대접받지
못했다"고 지적했다. "지방자치제가 실시되면서 지방의 역사와 문화에 대한
관심의 증가와 활발한 지방사 연구는 매우 다행스런 일이지요. 특히 절의와
학문이 뛰어난 선비들을 많이 배출한 성주의 문화와 역사에 대한 연구가 착
착 진행돼 매우 기쁘게 생각합니다." 도은 이숭인의 후손인 이씨는 "재才 학學
식識의 삼장재三長才를 갖춰야 될 수 있다는 사관이 되어 수차에 걸쳐 실록편
찬사업에 참여하는 등 인품과 학문에서 뛰어난 분"이라고 얘기했다.

한강 정구와 무흘구곡 —영남 남인의 실학·예학 선도

• • • 봉우리 모양이 하늘 향해 타오르는 불꽃과 같다고 해서 '석화성石火星'으로 일컬어지는 가야산. 불의 기운이 왕성한 가야산을 식혀 주는 것은 산을 따라 유유하게 흐르는 계곡과 하천들이다. 김천 수도산修道山에서 발원, 가야산 북사면을 따라 내려오다 잠시 성주댐에 갇힌 후 다시 동남으로 방향을 틀어 성주, 고령 땅을 적시며 낙동강으로 흘러가는 대가천은 가야산을 대표하는 하천 중 하나다. 그 물줄기가 가야산을 감싸 돌고, 옛 가야 땅을 흐르기에 대가천大伽川이라고 불리는 이 하천에는 아름다운 비경은 물론 한강 정구의 삶과 자취, 그리고 혼이 서려 있다.

한강 정구가 시로 읊은 '무흘구곡' 가운데 가장 빼어난 경관을 선사하는 선바위(立岩). 세상의 풍파에 휩쓸리지 않고, 유유자적한 삶을 살아가는 선비의 풍모를 닮았다.

퇴계와 남명, 모두에게 가르침을 받다.

조선 중엽의 대학자인 한강寒岡 정구(鄭逑 · 1543~1620). 21세 때 퇴계退溪 이황李滉 문하에, 24세에 남명南冥 조식曹植 문하에 나아가면서 유학자로 성장했다. 과거를 치르지 않고 포의(布衣 · 벼슬이 없는 선비)로 지내던 한강은 여러 차례 조정의 부름을 받았지만 출사하지 않았다. 37세 때 처음으로 벼슬길에 나아가 창녕현감을 지냈고, 임진왜란 때는 강원도 관찰사로 나라를 구하기 위해 분골쇄신했다. 전란 후 향리인 성주에서 후학을 가르치던 그는 78세로 생을 마감했으며, 인조는 문목文穆이란 시호를 내렸다.

한강은 출생부터 유학자가 될 운명을 타고 났다. 그 조부인 정응상은 대유학자 한훤당寒喧堂 김굉필金宏弼의 제자이자 사위였다. 한강을 만나본 후 퇴계는 "일찍이 정곤수와 그의 아우 구를 만났는데, 대개 뜻이 선을 좋아하는 데 있는 선비이다. 한훤당 선생의 외손으로 어찌 여풍이 없으리오"라고 했다. 한강은 퇴계와 남명을 태산북두처럼 우러러 보았다. 서애 류성룡과 학봉 김성일과 함께 '퇴계문하삼걸'로 일컬어졌다.

홍원식 계명대 교수는 "한강 선생이 퇴계 학맥에서 중요한 위치를 차지하는 것은 낙동강 상류에서 일어난 퇴계학을 낙동강 중류 지역에다 퍼뜨린 것과 더불어 그의 학맥을 서울의 허목과 안산의 이익에게 이어지게 하여 근기 지역에서 일어난 경세치용의 실학 연원을 퇴계학에 닿게 한 점"이라고 했다. 또 한강은 한국철학사에서 예학禮學을 연 인물로 높이 평가받고 있다. 그는 '오선생예설분류五先生禮說分類' 등 예와 관련된 여러 저술을 남겼는데, 영남 남인의 예학을 대표하는 것으로 김장생의 기호 노론 예학과 함께 늘 거론되고 있다.

가야산 자락에서 후학 양성.

한강은 가야산과 그 아래를 흐르는 대가천과 떼려야 뗄 수 없는 인연을 맺었다. 젊은 시절부터 가야산 일대를 돌아다니며 호연지기를 키웠다. 관직에 나아가기 전 보름 동안이나 가야산 일대를 돌아다니며 치세의 지혜를 모으려 했다. 그가 창녕현감으로 나가기 전에 쓴 '유가야산록遊伽倻山錄'이 바로 그것이다. 벼슬에서 물러난 후 한강은 다시 가야산으로 되돌아왔다. 멀리 가야산 자락이 보이는 대가천 옆에 초당을 짓고 후학들을 가르쳤다. 한강이 인재를 양성하던 회연초당은 그의 사후에 회연서원檜淵書院으로 바뀌었다.

성주군 가천면 소재지에서 수륜면 소재지로 가는 33번 국도. 대가천을 따라 길을 달리다 보면 왼쪽에 회연서원이 자리잡고 있다. 임진왜란으로

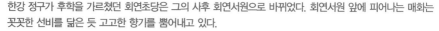

한강 정구가 후학을 가르쳤던 회연초당은 그의 사후 회연서원으로 바뀌었다. 회연서원 앞에 피어나는 매화는 꼿꼿한 선비를 닮은 듯 고고한 향기를 뿜어내고 있다.

많은 유생들이 피해를 입고, 지방의 교육기관이 붕괴된 직후에 한강은 이 곳에 초당을 짓고 제자를 키웠다. 초당 앞에 100그루의 매화나무를 심고 '백매원'이라 불렀다. 겨울에도 지조를 잃지 않는 매화처럼 고고한 선비의 향기를 널리 퍼뜨리겠다는 뜻이 담겨 있다. 도를 본다는 뜻의 누각인 '견도루見道樓' 앞에는 해마다 하얀 매화가 피고 있다. 그 당시의 심경을 한 강은 시 한수에 담았다. "작은 산 앞에 조그만 집을 지었네/ 뜰에 매화 국 화 해마다 불어 가득 차고/ 시냇물과 구름이 그림처럼 둘러졌네/ 세상 사 는 내 삶이 사치하기 그지없네."

무흘구곡에 어린 한강의 자취!

회연초당에서 후학을 가르치던 한강은 중국 송나라 주자의 '무이구곡武 夷九曲'을 떠올리며, 봉비암에서부터 용추폭포까지 대가천의 아홉 절경을 '무흘구곡武屹九曲'이라 정하고, 시로 읊었다. 무흘구곡의 1곡은 회연서원 바로 옆에 있는 봉비암鳳飛岩. 푸른 물을 안고 우뚝 서 있는 바위에서 날아 가는 봉황의 모습을 떠올리며 봉비암이란 이름을 붙였다. 깎아지른 절벽 아래로 대가천의 푸른 물이 흘러가는 봉비암은 보는 이의 마음을 깨끗하 게 정화시켜 준다. 한강은 무흘구곡의 1곡인 봉비암을 다음과 같이 노래 했다. "여울 어귀에 고깃배 띄우니/ 석양 부서지는 냇가에 실바람 감도네/ 뉘 알리오, 인간사 다 버리고/ 박달나무 삿대잡고 저문 연기 휘저을 줄을."

무흘구곡 가운데 가장 빼어난 절경을 자랑하는 곳은 4곡에 해당하는 선 바위, 입암立岩이다. 30번 국도를 따라 김천 증산면 쪽으로 달리다 무학리

회연서원 뒤편에 있는 '무흘구곡'의 1곡인 봉비암. 깎아지른 절벽과 물이 한폭의 한국화처럼 아름답다.

를 지나 계곡을 따라 한참 가다 보면 하천 건너편으로 30여m 높이의 우뚝 솟은 기암이 보인다. 바위의 상단 중간에 소나무가 자라고 있는데, 이곳에 학이 집을 짓고 살았다 해서 소학봉巢鶴峰이라고도 한다. "백척되는 바위에 구름이 걷히고/ 바위머리 화초들은 바람결에 살랑살랑/ 그 가운데 저렇듯 이 맑은 경치 그 누가 알아주랴/ 갠 달 하늘 복판에 그림자 못에 지네." 물 가에 우뚝 선 바위처럼 세파에 흔들리지 않고 마음을 깨끗하게 하려는 한강의 의지가 엿보인다.

노블레스 오블리주

−"붓 대신 칼…" 유생들 국난때마다 '붉은 피'

• • • 영국 왕실의 해리 왕자가 아프가니스탄 전선에서 복무
한 사실이 알려지면서 국내외 언론이 한바탕 호들갑을 떨었다. 사회 고위
층에게 요구되는 높은 수준의 도덕적 의무를 지칭하는 '노블레스 오블리
주(noblesse oblige)'를 그가 보여줬다는 이유에서다.

노블레스 오블리주의 가장 모범적 사례로는 로마가 첫손에 꼽힌다. 명
장 한니발의 카르타고와 벌인 16년 동안의 제2차 포에니전쟁에서 로마 최
고 지도자인 콘술(집정관)의 전사자 수만 해도 13명에 이르렀다. 로마 건국
이후 500년 동안 원로원에서 귀족이 차지하는 비중이 15분의 1로 급감한
것도 전투에서 귀족들이 많이 희생된 탓이었다. 사회 지도층의 솔선수범
과 희생에 힘입어 로마는 세계의 맹주가 됐다.

그렇다면 우리나라는? 임진왜란과 정유재란 등 나라가 풍전등화의 위기

가야산 서성재에서 정상인 칠불봉을 오르는 길에 만난 소나무. 눈보라 속에서도 푸르름을 간직한 소나무에게서
나라를 위해 목숨을 초개같이 던진 선비들의 꿋꿋한 기상이 느껴진다.

에 처했을 때 로마에 뒤지지 않는 국가에 대한 충절을 보여준 이들이 너무

도 많다. 왜적을 물리친 가장 큰 힘은 바로 의병義兵이었다. 특히 충과 효를

중하게 여기는 유교적 전통이 강한 가야산 자락에 살던 선비와 유생들은 누가 시키지 않았지만 스스로 전장에 뛰어들어 붉은 피를 뿌렸다. 서양인들의 노블레스 오블리주를 능가하는 나라 사랑을 올곧게 실현한 것이다.

두 부자의 충절 어린 충신문!

성주군 수륜면 면소재지를 지나 고령으로 가는 33번 국도. 대가천과 나란히 뻗은 이 길을 2, 3분쯤 달리다 보면 왼쪽으로 작은 다리 하나가 나타난다. 윤동마을로 들어가는 길을 따라 마을로 들어서자, 붉은 기둥에 고운 단청을 입힌 작은 건물이 보인다. 충신문忠臣門이다. 약 400년 전에 만들어진 충신문은 긴 세월의 더께가 쌓여 고색창연하다. 몇 차례 중수를 했다지만 건물의 원형을 유지하고 있다.

이 충신문의 주인공은 박이현朴而絢과 그의 아들인 박영서朴永緖다. 남명南冥 조식曺植의 문인인 박이현은 한강 정구, 동강 김우옹 등과 교의한 인물로, 임진왜란 때 김면金沔의 의병진에 참전해 큰 공을 세우고 성주 가천에

성주군 수륜면 윤동마을의 충신문은 박이현과 아들 박영서의 나라 사랑 정신이 깃든 정각이다.

서 전사했다. 사후에 공조참의에 추증됐고, 의민공毅愍公이란 시호를 받았다. 아들인 박영서는 무과에 급제한 후 인조 2년 이괄의 난 때 도원수 장만張晚의 선봉장이 되어 황주 신교전투에 참가했다가 순국했다. 후에 병조판서에 증직되고, 충장공忠壯公이란 시호를 받았다.

대를 이은 아버지와 아들의 충절을 기리기 위해 나라에서는 정려(旌閭: 충신 효자 열녀들을 그 동네에 정문을 세워 표창함)를 내렸고, 이를 편액하기 위해 정각旌閣을 세웠다. 충신문 주위에는 기와를 얹은 네모난 토석 담장을 둘렀고, 정면에는 일각문을 내어 출입하도록 했다. 정면 2칸 측면 1칸의 맞배지붕 건물로 기단은 자연석으로 쌓았고, 주초는 원뿔형의 화강석 주초를 사용했다.

가야산 자락인 성주 수륜에 살던 박이현은 곳곳에 많은 전설도 남겼다. 산에 있는 큰 바위 밑을 흐르는 장군수를 마시고 힘이 세졌다거나, 마을 앞 냇가에서 아무도 잡지 못하던 굴레벗은 큰 말을 얻었다는 이야기 등이다. 또 '화살을 삼킨 말' 전설도 있다. 자신이 산을 향해 활을 쏘고, 화살이 산에 닿기 전 말은 화살을 물어오도록 시합을 했는데 말이 화살을 물어오지 못했다는 것. 화가 나서 칼로 말의 목을 쳤는데 목에서 화살이 튀어나왔다는 이야기다.

일제에 수난을 겪은 쌍충사적비!

성주읍 경산리 서문고개에 있는 쌍충사적비. 임진왜란 때 영남지방에서 의병을 모아 왜적과 싸우다 성주성星州城 싸움에서 전사한 제말諸沫과 진주성 싸움을 돕기 위해 출전, 전사한 조카 제홍록諸弘錄의 업적을 새겨 1792년에 세운 비다.

성주읍 성주여고 맞은 편에 있는 쌍충사적비. 숙질 사이인 제말과 제홍록의 충절을 기리기 위한 비다.

제말은 임진왜란이 일어나자 의병을 모아 웅천, 김해, 의령 등지에서 왜적과 싸워 공을 세웠다. 1593년 성주목사에 제수돼 성주성 싸움에서 큰 공을 세우고 순절했다. 그 조카인 제홍록은 숙부와 더불어 큰 전공을 세웠으며, 이순신 장군 휘하에 있다가 정유재란 때 전사했다. 효성이 지극한 그는 홀어머니를 산속에 숨겨 두고 왜적을 쳐서 쫓다 순절했다.

쌍충사적비는 높이 216cm, 너비 79cm, 두께 37cm다. 비신을 받침돌 위에 올리고 이수(비의 머리 등에 뿔 없는 용이 서린 모양을 아로새긴 형상)를 얹었다. 이수에는 서로 엉킨 두 마리의 용이 머리를 맞대고, 여의주를 물고 있는 모습이 생동감 있게 조각되어 있다. 조선후기의 비석양식을 잘 담고 있다. 쌍충사적비는 처음에는 지금의 성주초교 앞 길가에 있었는데 일제강점기 때 일본 관헌들에 의해 비각이 헐리고 방치되었던 것을 1940년쯤 도로확장공사를 하면서 지금의 자리로 옮겨 세웠다.

제말과 제홍록의 충절을 기리는 쌍충사적비가 세워진 것은 임진왜란이 끝나고 한참이 지난 18세기말이었다. 여기에 얽힌 전설이 전해온다. 경남 칠원의 어느 관리가 잠을 자는데 관복을 입은 사람이 나타나 "나의 무덤이 어느 산속에 어떤 좌향으로 있으니 잘 알아서 하시오"라고 했다는 것. 그 무덤을 찾아보니 오랫동안 방치한 탓으로 무덤의 형상은 남아 있으나 잡초만 우거져 있는 것을 잘 수축해 제사를 올려 혼백을 위로했다. 관리의 꿈에 현몽한 사람은 바로 제말이었다.

제말 등의 전공은 전쟁통에 드러나지 않아 표창되지 않다가 200년이 지난 뒤 임진왜란에 대한 여러 기록을 다시 조사한 끝에 나라에서 제말에게 병조판서의 벼슬을 내리고, 충장공忠壯公(순조때 충의공忠毅公으로 다시 내림)이란 시호도 내렸다. 조카인 제홍록에겐 병조참판이 제수됐다. 성주와 진주

두 고을엔 쌍충사적비를 세웠다. 제말의 7대손인 제경욱은 홍경래의 난 때 창의해 공을 세우고 순절하기도 했다.

성주 땅에 전해오는 전설에 따르면 제말은 키가 8자에 몸무게는 400근 이나 되는 거인으로 하루에 수백리를 달리며 싸웠기 때문에 '비장군'으로 불리웠다. 또 그 눈과 수염의 위세가 당당해 왜군들 중에서 감히 덤비는 자가 없어 무적행군으로 이름이 높았다고 한다.

한개마을 '북비北扉고택'

─사도세자 향한 애끓는 충절…북으로 문을 내다

• • • 얼마 전 문화재청은 경북 성주군 월항면 대산리 '한개마을'을 국가지정문화재 중요민속자료로 지정했다. 성산 이씨星山李氏 집성촌인 한개마을은 조선 초 진주목사를 지낸 이우李友가 입향한 이후 500여 년을 이어 내려온 전통 깊은 마을이다. 또 최근에는 이 마을에 살았던 이석문李碩文을 주인공으로 한 대하역사소설 '북비北扉'가 선을 보여 독자들의 관심을 끌기도 했다. 고풍스런 한옥들과 아름다운 돌담길을 보려고 한개마을을 찾는 사람들의 발길도 부쩍 늘었다.

이래저래 세간의 화제가 되고 있는 한개마을을 찾아나섰다. '한개'라는 마을 이름은 예전에 이곳에 큰 나루가 있어 붙여진 이름. '한'은 크다는 뜻이고 '개'는 개울이나 나루를 의미하는 말로 '한개'라는 이름은 곧 '큰 개울', 또는 '큰 나루'를 의미하는 순우리말이다. 뒷산인 영취산 줄기가 마을을 감싸고 하천이 마을 앞을 흐르고 있어 이곳은 옛날부터 길지吉地로 꼽혀왔다. 전형적인 배산임수형이다. 조선시대 건축양식을 고스란히 담고 있는 한개마을에는 가옥 60여 채가 옛 모습을 간직하고 있다.

한개마을에서 먼저 찾아간 곳은 마을 오른쪽 편에 자리 잡은 북비北扉고택. 사도세자의 호위 무관이던 이석문이 1774년에 터전을 잡은 집이다. 그는 사도세자가 뒤주에 갇혀 죽을 위험에 처하자 이를 잘못된 것이라고 간諫하여 막고자 했으나 오히려 관직을 삭탈당하고 낙향했다. 지금의 터에 집을 세우고 사도세자를 그리워하며 북쪽으로 사립문을 내고 평생을 이곳

대감댁으로도 불리는 성주 한개마을의 북비고택. 이석문, 이원조 등 충신과 성리학자들을 배출한 곳이다.

북비란 현판이 걸린 사립문. 이석문의 충절이 스며 있는 것처럼 옹골찬 모습입니다.

에서 은거하며 지냈다. 집의 명칭이 북비인 것은 북쪽으로 낸 사립문에서 유래됐다.

이석문의 충절이 스며있는 듯 북비란 현판이 걸린 작은 사립문이 오래도록 눈길을 붙잡는다. 소설 '북비'의 주인공이 북비고택을 지은 이석문이다. 소설에는 이석문을 비롯한 여러 인물들과 노론과 소론 세력 등 다양한 인간 군상들의 삶이 교차하는데 조만간 드라마로도 만들어질 예정이란다. '북비'와 관련된 아름다운 후일담도 전해온다. 이석문의 후손이 문과에 장원급제했을 때 정조는 "너희 집에 지금도 북비(북쪽으로 낸 대문)가 있느냐?"고 친히 물었다. 정조로서는 선친인 사도세자를 충성스럽게 모셨던 신하의 집안 안부를 물은 것이다.

북비고택은 '대감댁'으로도 불린다. 조선 말 공조판서를 지낸 이원조李源

252

祚가 이곳에서 살았던 연유에서다. 북비고택을 지키고 있는 성산 이씨 종손 이수학(70)씨가 취재진을 맞았다. 그는 얼마 전 자전적 수상집 '공수래 공수거'를 펴내기도 했다. "인생은 빈 손으로 와서 빈 손으로 가는 것이라기보다는 두 손

한개마을의 또 다른 자랑거리인 고샅길은 사람의 마음을 잡아끄는 매력이 있다.

을 맞잡고 왔다가拱手來 내 사명을 다함에 소홀함이 없었는지 두렵고 아쉬운 마음으로 두 손을 맞잡고 돌아가는 것拱手去"이라는 게 이씨의 지론이다. 박약회 수석부회장을 맡고 있는 그는 또 "개천에서 용은 나지 않는다"는 얘기도 수차례 강조했다. 영남 남인으로 판서 등 요직을 두루 역임한 이원조를 두고 일부에서 "개천에서 용이 났다"고 했으나 실상은 선조들의 엄한 교육과 지극한 정성이 토대가 돼 그 같은 인물을 배출할 수 있었다는 것. 아무런 노력 없이 요행으로 가문의 명예를 높일 수 있는 인물을 낳을 수 없다는 이씨의 말에 고개가 끄덕여졌다. 우리 선조들은 자식들을 꾸지람할 때 목침 위에 올려 세우고 종아리를 때렸는데, 이 집안에서는 이 목침을 특별하게 '경침警枕'이라고 불렀다. 북비고택 아래채에 걸린 '독서종자실讀書種子室'이라는 현판도 같은 맥락에서 눈에 쏙 들어온다. 독서를 통해 자식들을 기르는 집이라는 의미를 담고 있는데, 이원조가 증조부의 가르침을 되새겨 건 것이라고 한다. 이씨는 "한개마을을 찾아오는 분들이 고택 등 외양을 구경하는 것도 좋지만 선조들의 훌륭한 정신을 많이 배우기를 바란다"고 덧붙였다.

한주종택

교리댁

　다음으로 찾아간 곳은 한주종택. 한개마을의 가장 안쪽 산울타리에 자리를 잡고 있다. 이 집은 1767년에 처음 지었고, 성리학자인 한주寒洲 이진상李震相이 고쳐지었다고 한다. 그의 호를 따라 한주종택으로 부른다. 이 집에서는 이진상 등 이름난 유학자와 독립운동에 헌신한 한주의 아들 대계大溪 이승희李承熙 등 많은 인물을 배출했다. 한주와 대계의 호를 각각 새긴 현판이 종택을 찾은 이들을 숙연하게 만든다. 성리학 연구 터전으로 유명한 한주종택 내의 한주정사는 그 배치의 특이함 때문에 유명세를 타는 곳. 대개 건물 앞쪽에 연못을 두지만 이곳은 옆에 연못이 들어섰다. 뒤로는 울창한 대나무숲이 펼쳐져 있는 등 한국형 정원의 아름다움을 고스란히 갖고 있다. 영화 '성춘향뎐'을 비롯해 전설의 고향 등 숱한 TV사극 드라마의 단골 세트장이 된 곳이기도 하다.

북비고택, 한주종택 외에도 한개마을에는 경북민속자료 또는 경북문화재자료 등으로 등록된 고택들이 많다. 교리댁, 월곡댁, 진사댁, 도동댁, 하회댁, 극와고택, 첨경재, 삼봉서당 등이 대표적이다. 그 가운데 교리댁은 돌담이 둘러진 대문채가 평지보다 높은 곳에 있어 중후하고 단아한 분위기를 풍긴다. 또 사랑채 앞에 있는 노둣돌(상마석:말을 탈 때 발돋움하려고 놓은 돌)이 있어 옛 정취를 느낄 수 있다.

한개마을에서 고택과 함께 또 다른 주인공은 구불구불 이어지는 고샅길. 고샅길 담장은 흙과 돌을 섞어서 쌓은 것으로, 그 푸근하고 아름다운 모습으로 사람들의 마음을 잡아끄는 매력이 있다. 황토흙 사이사이에 크기, 색깔, 모양이 제각각인 자연석을 군데군데 박아놓았다. 언뜻 무질서해 보일 수도 있지만, 멋스럽고 자연미가 흘러 넘친다. 3천300m나 이어지는 이 돌담길은 문화재로 지정돼 보호를 받고 있다. 옛 정취를 간직하고 있는 한개마을 답사를 마치고 돌아오는 길, 선비들의 꿋꿋한 정신이 이 시대를 사는 사람들에게 많은 감화를 주기를 바라는 마음이 간절해졌다.

성주를 본관으로 하는 성씨들이 많은 이유는

남서로 영산 가야산을 품고 있는 성주. 정기가 흘러넘치는 성주를 본관

성씨(姓氏)	본관(本貫)	인구수(명)
강씨(姜氏)	성주	881
곽씨(郭氏)	성주	579
김씨(金氏)	성주	3,022
	경산	7,550
도씨(都氏)	성주(성산)	46,578
박씨(朴氏)	성주	1,062
배씨(裵氏)	성주	90,239
	성산	36,164
백씨(白氏)	성주	1,162
석씨(石氏)	화원(성주)	425
시씨(施氏)	성주(절강)	336
여씨(呂氏)	성주	11,012
	성산	7,796
오씨(吳氏)	성주	338
유씨(柳氏)	성주	425
이씨(姓氏)	성주(농서)	187,223
	벽진	91,907
	성산	75,210
	경산	7,978
	가리(加利)	1,956
	광평	미상
임씨(林氏)	성주(성산)	1,803
전씨(全氏)	성주	4,654
	성산	8,738
정씨(鄭氏)	성산	432
최씨(崔氏)	성주	1,267
초씨(楚氏)	성주	118
한씨(韓氏)	성주	2,379
황씨(黃氏)	성주	603
현씨(玄氏)	성주	4,938

으로 하는 성씨姓氏가 유달리 많다는 것도 간과해서는 안 될 사항이다. 박재관 성주군청 학예사가 지난 2000년 시행한 인구 총조사를 토대로 성주를 본관으로 하는 성씨와 그 인구수를 조사한 결과 성주를 본관으로 하는 성씨가 모두 30성관姓貫으로 나타났다. 다만 배씨와 여씨의 경우에는 성주, 성산으로 조사되기는 하였으나 큰 범주에서는 같은 성관이라고 할 수 있으므로 실질적으로 28성관이라고 하는 것이 타당하다는 게 박 학예사의 얘기다. 박 학예사는 "한 지역을 본관으로 하는 성관이 이렇게 많은 경우는 예부터 큰 고을이었던 곳이 아니고는 쉽게 찾아볼 수 없을 것"이라고 강조했다.

'귀거래사의 표상' 만귀정

－한말 名 宰相 이원조 '晩歸亭' 짓고 은둔

• • • 중국 동진東晉의 시인 도연명陶淵明이 쓴 '귀거래사歸去來
辭'. 41세 때 팽택현의 지사知事 자리를 버리고 고향인 시골로 돌아가는 심
경을 읊은 시로, 세속과의 결별을 고한 '선언문'으로 너무나 유명하다.
"아, 인제 모든 것이 끝이로다/ 이 몸이 세상에 남아 있을 날이 그 얼마이
리/ 어찌 마음을 대자연의 섭리에 맡기지 않으며/ 이제 새삼 초조하고 황
망스런 마음으로 무엇을 욕심낼 것인가/ 돈도 지위도 바라지 않고/ 죽어
신선이 사는 나라에 태어날 것도 기대하지 않는다/ 좋은 때라 생각되면 혼
자 거닐고/ 때로는 지팡이 세워 놓고 김을 매기도 한다/ 동쪽 언덕에 올라
조용히 읊조리고/ 맑은 시냇가에서 시를 짓는다/ 잠시 조화의 수레를 탔
다가 이 생명 다하는 대로 돌아가니/ 주어진 천명을 즐길 뿐 무엇을 의심
하고 망설이랴."

도연명 이후 수많은 이들이 '귀거래사'를 꿈꿨다. 하지만 그처럼 참다운

만귀정 아래 옥계변에 자리한 만산일폭루. 이곳에서 바라보는 가야산과 옥계의 풍광은 그림처럼 아름답다.

귀거래사를 실천한 이는 드물다. 세속의 끈을 떨쳐버리기 쉽지 않은 게 가
장 큰 이유이리라. 얻을 수 없으면 더욱 간절해지는 법. 인류의 영원한 모
태母胎인 자연으로 돌아가는 것은 지금껏 모든 이들의 염원으로 남아 있다.

이순耳順에 만귀정에 돌아오다!

성주군 가천면 면소재지에서 903번 도로를 따라 달리면 옥계가 나온다. 물이 흘러내리는 하얀 바위가 마치 흰 천을 펼쳐놓은 것 같다고 해서 포천布川계곡이라고도 불리는 아름다운 계곡이다. 옥계의 상류에 있는 신계리에서 금바위로 가는 길을 따라 5분여 정도를 더 가면 만귀정이 있다. 만귀정晚歸亭은 조선후기에 공조판서 등을 지낸 응와凝窩 이원조(李源祚·1792~1871)가 만년(1851년)에 귀향해 독서와 자연을 벗 삼으며, 여생을 보낸 곳이다. 그래서 정자 이름에 늦은 나이에 돌아왔다는 뜻을 담았다.

만귀정은 옥계가 내려다보이는 경사지에 북동향해 자리잡았다. 정자 주변에는 아름드리 굵기의 전나무, 오래된 벚나무 등이 어우러져 숲을 이루고 있다. 만귀정은 돌로 약 1m 높이로 축대를 쌓아 그 위에 세웠는데 규모는 전면이 4칸이며, 측면은 1칸 반이다. 가운데 2칸은 마루로 앞뒤가 터져 있으며 양 옆으로 방이 있고 방 앞에는 툇마루가 1칸살 정

시원한 물줄기를 자랑하는 만귀정폭포.

만귀정에서 계곡을 따라 50여m를 내려가면 신선이 놀 만한 곳으로 전혀 손색이 없는 비경이 펼쳐진다.

도로 큰 마루와 연결돼 있다. 만귀정과 평삼문이 안마당을 사이에 두고 이자형二字形으로 놓여 있다. 평삼문 입구에는 응와의 학문 진흥에 대한 의지를 담은 철제로 된 흥학창선비興學倡善碑가 세워져 있다. 그리고 옥계 주변에는 만산일폭루萬山一瀑樓란 작은 정자도 있다. 가야산과 옥계의 빼어난 절경을 맘껏 감상하기에 안성맞춤인 곳이다.

경주부윤을 그만두고 고향인 성주로 돌아온 응와는 만귀정을 짓고 학계學契를 만들어 학문에 정진했다. 더불어 옥계의 아름다운 아홉곳을 중국 주자의 무이구곡에 견주어 포천구곡시를 남겼다. 그 중 9곡은 만귀정 주변 홍개동의 경관을 노래한 시다. "구곡이라 홍개동이 넓으니/ 백년이나 감추어 놓은 이 산천이라/ 새 정자 지어 몸을 편안히 하려 하니/ 아니 이것이 인간의 별천지인가."

"조물주는 나에게 성내지 말지어다."

성주군 월항면 대산리 한개마을에서 태어난 응와는 입재立齋 정종로鄭宗魯

の 제자로, 18세에 증광문과에 급제했다. 입재는 퇴계 학맥을 이은 대산大山 이상정李象靖의 문인이면서 우복愚伏 정경세鄭經世의 6대손이다. 이황-류성룡-정경세로 이어지는 가학과 이황-김성일-이현일-이재-이상정으로 이어지는 학맥의 두 학통을 연결시키는 인물이었다. 입재를 거친 퇴계 성리학은 응와를 거쳐 그 조카인 한주寒洲 이진상李震相에게로 이어졌다.

응와가 출사한 시기엔 당쟁이 심하고, 응와 스스로도 불의와 타협하지 않은 올곧은 성품이어서 벼슬길이 순탄하지 않았다. 그러나 그가 목민관으로 있던 고을에서는 선정에 대한 주민들의 칭송이 쏟아졌다. 대사간과 공조판서, 판의금부사 등의 요직도 두루 거쳤다. 응와가 세도정치기에 영남 남인 출신으로 예외적으로 고위 관직에 진출할 수 있었던 것은 무엇보다 그가 뛰어난 학문적 실력을 소유한 당시 영남 남인학파의 대표적 관료라는 점 때문이었다. 여기에다 철종대 이후 영남 사족 포용정책 실시, 대원군의 개혁정치 실시 등이 더불어 작용한 것으로 풀이된다.

응와는 튼튼한 학문적 축적을 바탕으로 관계官界에 나아가 흥학興學과 세교世敎를 일생의 임무로 삼았다. 그러면서도 정치 경제 등 현실적인 문제를 해결하는 능력도 탁월해 성리학에만 매몰된 학자들과는 달랐다. 40여 년 동안 관리로 일하면서도 '응와문집' 등 13종의 다방면에 걸친 저서도 남겼다.

그는 스스로 "성품이 산수를 좋아한다"고 했다. 또 매양 자연으로 돌아가는 것을 갈망했다. 벼슬살이를 위해 세상으로 나아간 시기

에도 자연으로 되돌아와서 한가롭게 자연을 완상하며 지내리란 결심을 한 시도 잊은 적이 없었다. 그 계획은 벼슬에서 물러나 가야산 아래 옥계의 만귀정으로 돌아옴으로써 실현됐다. 자연에 대한 생각과 자연으로 돌아가서 그 자연을 즐기고자 하는 그의 의지를 '만귀정'이란 시에서 엿볼 수 있다. "돌아옴이 늦은 것을 한탄하지 아니하니/ 올해가 비로소 육순이 되는 해이네/ 참으로 세상의 생각을 잊음이 아니요/ 애오라지 한가한 몸을 기를 수 있네/ 벽지에 처하니 심신이 안온하고/ 황무지를 개척하니 안목이 새롭네/ 산림에 사는 것 이것이 내 본분이니/ 조물주는 나에게 성내지 말지어다."

일제에 맞선 지사들

• • • 시성詩聖으로 일컬어지는 두보杜甫의 시 '춘망春望'. 그가 46세 때 당나라 봉선현에 있는 처자를 만나러 갔다가 안녹산의 군사에게 사로잡혀 장안長安에 연금된 상황에서 지은 작품이다. 오언율시인 이 시에는 인구에 자주 회자되는 유명한 구절이 나온다. "나라는 망했어도 산하는 그대로요國破山河在, 성에는 봄이 와 초목이 무성하네城春草木深." 나라가 망해도 아랑곳하지 않고 피어나는 풀과 나무를 보면서 느끼는 세사世事의 무상함을 노래하고 있다.

두보는 나라가 망했어도 산하는 그대로라고 읊었지만 일제에 나라를 송두리째 잃은 우리 조상들은 그 슬픔을 더욱 극적으로 표현했다. 산천초목도 나라 잃은 슬픔에 울었다고 했다. 굳이 두보의 시에 비유한다면 "나라가 망하니 산하도 울었다國亡山河泣"라고 할 수 있지 않을까.

구름의 조화로 웅혼한 기상을 뿜어내는 가야산. 청신한 기운이 넘치는 가야산 자락에 자리잡은 성주에는
일제에 항거한 애국지사들이 헤아리기 힘들 정도로 많다.

나라 잃은 슬픔에 사흘을 운 측백나무!

성주군 벽진면 수촌리에 있는 해평동 측백나무. 높이가 약 25m에 이르
는 우람한 위용을 자랑하는 나무다. 땅에서 2.6m 정도 되는 높이에서 가
지가 다섯 개로 갈라져 있다. 잎조차 달리지 않은 가지가 3, 4개에 이르지

높이가 25m에 이르는 해평동 측백나무는 경술국치 당시 사흘 동안 울었다는 전설을 간직하고 있다.

만 굳건한 기상은 여전하다.

수령이 340년을 넘는 이 측백나무는 일본에 국권을 강탈당한 경술년 (1910)에 사흘 동안 울었다는 전설이 있다. 나무의 모양이 기이하고, 수령 이 수백년에 이르는 명목名木에 나라 잃은 슬픔을 투영하고 싶은 민초들의 안타까운 심정이 배어 있다는 생각도 든다.

이 나무가 심겨진 것은 조선 현종 9년(1668). 여효증呂孝曾이 충청도 임천 군수로 봉직하고 낙향할 때 그곳 주민들이 선물로 준 것을 가져와 이곳 만연당漫然堂 뜰에 심은 것이라고 한다. 측백나무과에 속하는 측백나무는 상록침엽수로 관목 또는 교목으로 우리나라와 중국에 분포하고 있다. 우리에게는 대구 동구 도동에 있는 천연기념물 1호 달성측백수림으로 친근한 나무다. 이 나무의 잎은 부인병에 특효가 있다고 하며 나뭇잎의 발육상태와 색을 보고 그해 농사의 풍흉을 점쳤다고 한다. 경술국치를 당하고 사흘 동안 울었다는 전설이 생길 정도로 일찍부터 영험한 존재로 여겨진 나무인 것이다.

전각을 세우기 이전의 해동청풍비 모습. 일제에 의해 비가 쪼개진 것을 다시 붙인 흔적이 뚜렷하다.

나라를 향한 충절 서린 해동청풍비

측백나무를 보고 벽진면 봉계리에 있는 해동청풍비海東淸風碑를 찾았다. 평평한 바닥돌 위에 비신을 세운 간단한 형태다.

눈에 띄는 것은 웅장한 비석의 크기. 높이 3.2m에 너비 1.1m, 두께는 45cm에 이른다. 이 비는 1936년 전국 유림들이 자하紫下 장기석(張基奭 · 1860~1911)의 충절을 기리고, 백성들에게 항일의식을 불어넣기 위해 공을 들여 세웠다. 일찍 부모를 여읜 자하는 가난으로 공부를 하지 못하다가 39세 무렵 학문에 뜻을 두고 수학해 43세 때 유학 경서를 두루 섭렵한 다음 후진교육에 전념했다. 1910년 경술국치 때 비분강개해 항일의식을 고취하다 같은 해 12월 성주경찰서에 감금됐다 대구형무소로 이감되어 1911년 1월 순국했다. 일제가 넣어주는 음식을 거부한 채 잔혹한 위협과 집요한 회유에도 동요하지 않고 끝까지 절의를 지켰다.

해동청풍비가 세워진 이듬 해인 1937년 왜경이 비를 파괴하려 하자 자하의 부인 박씨는 자결로 항거했다. 해동청풍비 옆에는 부인 박씨를 기리는 기열비紀烈碑가 따로 세워져 있다. 그러나 일제는 끝내 해동청풍비를 파괴해 버렸고, 광복 후 조각들을 찾아 모아 다시 비를 세웠다. 비각 뒤편에 있는 대나무들은 그때의 일을 기억이라도 하는 듯 늘 푸르름을 간직하고 있다.

의열각, 젊은 부부의 충혼을 기리다

벽진면 봉계리에서 차로 20여 분 거리에 있는 대가면 면소재지. 성주로 나가는 33번 국도변(칠봉리)에 의열각義烈閣이 있다. 이 건물은 일제에 저항하다 자결로 순국한 이경환(李慶煥 · 1902~1929)과 그를 따라 자결한 부인 배씨의 충절을 기리기 위해 건립한 것이다. 1928년 일본으로 건너간 이경환은 일왕 히로히토裕仁가 교토를 방문했을 때 조선 침략의 부당성과 조선

일제에 저항하다 자결로 순국한 이경환과 남편을 따라 자결한 부인 배씨의 충절을 기린 의열각.

총독부 철폐를 요구하는 직소장直訴狀을 제출하려다 영어囹圄의 몸이 되었다. 옥고를 치르며 갖은 고통을 겪은 뒤 귀국, 1929년 11월 빼앗긴 나라에서 더 이상 살 수 없음을 탄식하며 목을 매 자결했다. 부인 배씨도 남편이 죽은 지 3일 만에 뒤따라 자결했다고 한다. 이경환에게는 1968년 대통령 표창, 1991년에 건국훈장 애국장이 각각 추서됐다.

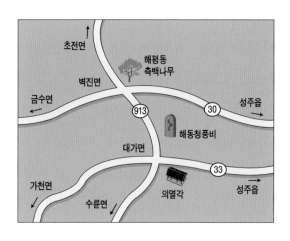

송준필·김창숙의 독립운동

• • • 선비란 어떤 존재인가? 유학을 공부해 그 이념과 도덕으로 자신을 수양하고, 나아가 사회 교화를 임무로 여기는 지식인을 일컫는다. 그 몸이 세상에 있든 아니면 초야에 있든 선비의 가장 큰 관심은 공의의 실현! 제대로 된 세상을 만드는 길이 바로 공적인 의로움과 도리에 있기에, 선비들은 개인의 영달이나 이익을 넘어 권력 앞에 당당할 수 있었다. 때로는 임금이라도 인과 의리에 어긋나는 일을 행하면 이를 지적하고 그 때문에 목숨을 잃는 일도 허다했다. 이런 선비의 의리 정신은 일제에 나라를 빼앗기자 치열한 항일운동으로 극명하게 표출된다.

19세기 후반 성주를 중심으로 한 낙동강 중류지역에서는 한주寒洲 이진상李震相이 등장, 한 학파를 열며 성리학의 꽃을 피웠다. 그의 대표적인 제자를 '주문팔현'이라 일컫는데, 그 중에서도 면우俛宇 곽종석郭鍾錫과 대계大

3·1운동 무렵 성주 장날에서 벌어진 만세시위 때 사용했던 태극기를 제작하고 유림들이 파리장서사건을 논의했던 백세각.

溪 이승희李承熙가 유명하다. 곽종석은 1905년 을사조약이 체결되자 조약
폐기와 조약 체결에 참여한 매국노를 처형하라는 상소를 올렸다. 또 3·1
운동 후 '제1차 유림단 사건'이라고 일컬어지는 '파리장서사건'을 주도했
다가 옥고를 치르기도 했다. 한주의 맏아들인 이승희는 국채보상운동에
참여, 서상돈과 모금운동을 벌이다가 친일파의 방해공작으로 실패하고 고
종 양위사건이 발생하자 1908년 블라디보스토크로 망명, 이상설 등과 함
께 동포들의 교육과 독립운동에 헌신한 인물이다.

퇴계·남명으로부터 면면히 이어지는 선비 정신을 지닌 성주의 유학자
들은 3·1운동, 제1·2차 유림단 사건 등을 통해 항일운동에 적극 몸을 던
진다. 여기에 주도적인 역할을 한 사람이 공산恭山 송준필宋浚弼과 심산心山
김창숙金昌淑. 1919년 3월 1일 독립을 부르짖는 만세소리가 삼천리 방방곡

곡을 울린 후 성주에서도 만세운동의 불길이 활활 타오른다. 3월 27일 선남을 시작으로 가천 동원리를 거쳐 4월 2일 성주 장날에는 대대적인 만세시위가 벌어졌다.

성주군 초전면 고산리에 있는 백세각百世閣. 3·1운동 당시 송준필을 위시한 그 문인들이 성주 장날이 서는 날에 배포할 태극기를 제작·보관했던 곳이다. 공산은 "사생死生은 천명이다. 나라가 회복되면 죽더라도 사는 것이요, 나라가 회복되지 않으면 살더라도 죽은 것이다"고 선언한 후 독립운동에 뛰어들었다. 성주 장날에 벌어진 만세운동은 한밤중까지 이어졌고 왜경의 총에 목숨을 잃은 사람이 서너명, 상해를 입은 사람이 수십여명, 잡혀간 사람이 육칠십명이었다고 한다.

백세각은 3·1운동은 물론 '파리장서사건'을 모의한 곳이기도 하다. 프랑스 파리에서 만국평화회의가 열려 약소국가의 자주독립을 논의한다는 소식을 접한 공산은 조선의 억울함을 세계만방에 알릴 '천재일우'의 기회라 생각하고 유림의 뜻을 모아 만국회의에 장서를 보내기로 했다. 회당晦堂 장석영張錫英이 초고를 쓰고, 면우 곽종석이 수정을 해 장서를 완성, 김창숙이 파리에 가기로 했다. 우여곡절 끝에 심산은 만국평화회의에 독립청원서(파리장서)를 전달, 우리의 독립 의지를 세계 만방에 알렸다. 파리장서에 서명한 유림단 137명 가운데 13명이 성주 유림일 정도로 주도적 역할을 했다.

독립운동의 산실이었던 백세각은 조선 전기 문신인 야계倻溪 송희규宋希奎가 지은 건물. 사헌부 집의로 있던 송희규는 당시 세도가였던 윤원형 등의 행패를 탄핵하다 오히려 역적으로 몰려 전라도 고산高山에서 5년간 귀양살

심산 김창숙이 인재를 키우기 위해 설립한 성명학교가 들어섰던 청천서당.

이를 하고 고향에 돌아와 백세각을 지었다. 백세각의 규모는 정면과 측면이 각 7칸이며, 평면은 ㅁ자형에 맞배지붕을 하고 있다. 쇠못을 전혀 사용하지 않고 구멍을 뚫어 싸리로 엮은 점과 대패를 쓰지 않고 손도끼(자귀)로만 다듬어 만든 건축물이라는 점이 특이하다.

본관이 의성인 심산은 조선 선조 때의 명신이며 학자인 동강東岡 김우옹金宇顒의 후손. 어려서 유학을 배웠고 문장에 능했던 심산은 1905년 을사조약이 체결되자 서울로 올라가 이완용을 비롯한 을사오적을 성토하는 상소를 올렸다. 이 사건으로 체포되어 옥고를 치른 그는 1909년 고향인 성주에 성명학교星明學校를 세우고 인재를 키우는 데 심혈을 기울였다. 성명학교 교사校舍는 성주군 대가면 칠봉리에 있는 지금의 청천서당晴川書堂이었다.

3·1운동 후 중국으로 망명한 심산은 그해 4월 대한민국 임시정부 의정원 의원이 되고, 이듬해 귀국해 독립운동 자금을 모금하다 제1차 유림단사건으로 체포됐다. 출옥 후 다시 중국으로 가서 서로군정서 군사선전위원장과 임시정부 의정원 부의장을 맡았다. 1927년 상하이 주재 일본영사관원에게 붙잡혀 본국으로 압송돼 징역 14년형을 선고받고 투옥 7년여 만에 병으로 생명이 위중해져 출옥했다. 광복 후에는 유도회를 조직하고 성균관대학교 초대 총장을 역임했으며 이승만의 독재에 맞서 투쟁을 벌였다.

청천서당에서 50m 정도 떨어진 곳에 심산의 생가가 있다. 선조로부터 세거해 온 전래의 건물은 모두 화재로 소실되고 지금의 안채 건물은 1901년에 중건한 것. 장방형 토석담을 두른 터에 안채와 1991년에 건립한 사랑채, 판각고板刻庫 등이 ㄷ자형을 이루고 있다.

김창숙은 심산 외에도 벽옹躄翁이란 호를 갖고 있다. 앉은뱅이 노인이란 뜻. 일제의 고문에 의해 불구의 몸이 된 후 벽옹이란 호를 갖게 됐다. 대구경찰서에서 혹독한 고문을 받던 심산은 오히려 웃으며 "너희들이 고문을 해서 정보를 얻어내려느냐? 나는 비록 고문으로 죽는 한이 있더라도 결코 함부로 말하지 않을 것이다"며 종이와 붓을 달라고 해서 시를 써줬다. "조국 광복을 도모한 지 십년에/가정도 생명도 돌아보지 않았노라/뇌락(磊落: 뜻이 커서 작은 일에 구애받지 않음)한 일생은 백일하에 분명한데/ 어찌 야단스럽게 고문하는가."

심산 선생 자부 손응교 여사

"결혼을 하고 대전형무소에 수감 중이셨던 시아버님을 처음으로 뵈었지요. 평생을 독립운동과 반독재 투쟁에 바치신, 참으로 꼿꼿한 삶을 사신 분이었습니다."

심산 김창숙 선생의 자부 손응교(92·사진) 여사. 성주군 대가면 칠봉리 심산 생가를 홀로 지키고 있는 손 여사에게서는 모진 풍상을 겪으면서도 푸르름을 간직하고 있는 가야산의 소나무가 떠올랐다.

스물일곱에 독립운동을 하던 남편의 유해를 받고 그 충격으로 목소리조차 변했지만 모진 고문으로 걸음조차 어려운 시아버지의 손발이 되어 평생을 보냈다. 두 자녀를 키우며 곧기만 한 독립운동가의 집안에 흠이 되지 않게 삯바느질로 힘겹게 생계를 꾸렸다.

손 여사는 일제 때 심산 선생이 국내외 독립운동가들에게 보내는 '비밀편지'를 전달하기 위해 전국 곳곳은 물론 중국도 오갔다. 숨은 독립유공자인 셈. "아버님이 주시는 편지를 전달하기 위해 만주를 두 번, 중국 본토를 한 번 다녀왔고 국내는 30여 차례를 오갔지요. 만주에는 기차를 타고 갔지만 많이 걷기도 했어요. 짧게는 사흘이 걸리고 길게는 1주일이 걸린 적도 있어요."

심산 선생이 편지를 주며 "어디에 있는 누구에게 전하라"고 하면 그대로 따랐단다. "처음에는 편지가 얼마나 중요한지 몰랐지만 나중에는 독립운동과 관련돼 있다는 것을 알았지요. 일본 순사의 눈을 피하기 위해 애를 업고 만주에 간 적도 있고, 편지는 포대기 안에 꼭꼭 숨겨 다녔어요." 며느

▲심산 선생 자부 손응교 여사
◀심산 김창숙 선생

리가 편지 심부름을 하고 오면 심산 선생은 "너 왔구나"란 말씀만 한마디 했다. "그 무렵에 저를 빼면 아버님이 의지할 데가 별로 없으셨지요. 그래서 제게 편지 심부름을 시킨 것 같아요. 비록 고생했다는 말씀을 직접 하시지는 않았지만 며느리를 걱정하는 마음은 느낄 수 있었습니다."

월성 손씨 집성촌인 경주 양동마을이 고향인 손 여사는 외삼촌이 심산 선생의 제자였던 것을 인연으로 해 심산 선생의 자부가 됐다. 일제 때 갖은 고생을 하고 광복을 맞았지만 오히려 더욱 고초가 심해졌다. 심산 선생이 이승만 대통령의 독재에 반대하는 투쟁에 나서면서 고생이 이만저만이 아니었다는 것. "자유당 때 오히려 고생을 많이 했어요. 이틀을 굶은 적도 있어요. 일제 때는 나라를 찾기 위해 고생하기에 참을 수 있었지만 해방된

나라에서 더욱 핍박을 받으니 더욱 서러웠지요." 1990년대초부터 심산 생가에서 생활하고 있는 손 여사는 밭일도 하고, 가까운 곳은 걸어다닐 정도로 정정하다. 마을이 의성 김씨 집성촌이어서 집안 사람들이 청소도 해준단다.

독립유공자로 지정을 받으셨느냐는 물음에 손 여사는 손사래를 쳤다. "아버님이나 남편 모두 잃어버린 나라를 찾기 위해 마음과 몸을 던지신 분들이지요. 나라를 찾기 위해서 독립운동을 했지 무엇을 바라고 한 것은 아니지요. 저도 마찬가집니다." 젊은이들이 생가를 찾아와 심산 선생에 대해 물을 때 마음이 흐뭇해진다는 손 여사. 구순을 넘긴 연세임에도 당당하고 형형한 눈빛에서 항일운동에 투신한 한 집안을 꿋꿋하게 지킨 꿋꿋함이 묻어났다.

효와 의가 흐르는 땅

—골골마다 효행 전설 품은 정려각

• • • 효孝와 의義! 유교 정신이 투철했던 시대에는 첫손에 꼽히던 덕목들이었다. 그러나 물질을 중시하는 세상이 되면서 효와 의는 크게 빛이 바래고 말았다. 부모를 정성껏 봉양하기는커녕 성년이 된 후에도 부모에게 삶을 의지하는 '캥거루족'이 드물지 않고, 의로움을 실천하는 이들도 찾아보기 힘들다. 역설적으로 세상이 이렇게 됐기에 효와 덕의 가치는 더욱 빛이 날 수밖에 없다.

남서쪽으로 가야산을 품은 성주 땅에는 효와 의를 몸소 보여준 이들이 너무나 많다. 우리가 효와 의를 실현한 이들을 찾아 나선 까닭은 빛이 바랜 효와 의를 조금이나마 되살려 더불어 사는 세상을 만드는 데 다소나마 보탬이 될까 하는 마음에서다.

가야산 정상 칠불봉을 오르는 길에 만난 소나무. 이 굳건한 소나무처럼 가야산을 품은 성주 땅에는 묵묵히
효와 의를 실천한 이들이 많다.

하늘이 감동한 효행!

어버이날이 있는 5월이면 자주 회자膾炙되는 사자성어가 있다. '풍수지
탄風樹之嘆' 또는 '풍목지비風木之悲'란 말이다. 효도를 다하지 못한 채 부모
를 잃은 자식의 슬픔을 가리키는 말이다. "무릇 나무는 조용히 있고자 하

나 바람 잘 날이 없고樹欲靜而風不止, 자식이 부모를 모시고자 하나 부모는 이미 안 계시다子欲養而親不待"는 말에서 이들 사자성어는 유래됐다. 부모가 살아계실 때 효도를 다하라는 뜻이 담긴 이들 사자성어는 일년 내내 가슴에 담아둬야 할 명문이지만 5

얼음 위로 뛰어오르는 잉어를 구했다는 전설을 남긴 박구의 효행을 기린 선남면의 정려비각.

월이면 더욱 가슴에 와닿는다고 하는 사람들이 적지 않다.

대구에서 30번 국도를 따라 성주읍으로 가는 길. 낙동강을 가로지르는 성주대교를 건너 5분 정도 더 달리면 오른쪽으로 박구효자정려비朴矩孝子旌閭碑가 보인다. 도로가에 바로 붙어 있어 쉽게 찾을 수 있다. 이 정려비(선남면 도성리)는 조선 전기 효성이 지극해 세상에 널리 알려졌던 동천東川 박구朴矩의 효행을 기리기 위해 세운 것. 개성부윤을 지낸 박원택의 둘째 아들로 태어난 박구는 태종과 세종 때에 강원도병마도절제사, 경상도수군도안무처치사, 좌군총재 등을 역임한 인물. 그 벼슬보다도 지극한 효성으로 이름이 매우 높았다.

어머니인 정부인 이씨가 병환이 들자 그는 천지신명께 빌어 얼음 위로 뛰어오르는 잉어를 구했다는 전설을 남겼다. 또 눈속에서 복숭아를 얻어 병을 구완했다는 일화도 남아 있다. 어머니가 돌아가시자 3년간 시묘살이를 하며 한번도 집에 들어가지 않았다. 나중에 이 같은 효행이 조정에 알려져 중종 30년(1535)에 조정에선 정려旌閭를 내리고 자헌대부 예조판서에 추증했다.

화강암으로 만들어진 정려비는 높이 110cm, 폭 49cm, 두께 14cm의 크기다. 정면에 '효자가정총제박구지려' 라 새겨져 있다. 비를 보호하기 위한 비각은 정면 1칸, 측면 1칸 규모다. 이 비는 처음에는 남쪽인 백천가에 있었으나 홍수로 인해 침몰된 것을 광녕산 기슭으로 이전했다가 또다시 비바람으로 퇴락한 것을 1818년 지금의 장소에 비각을 건립하고 안치했다.

박구와 쌍벽을 이루는 성주의 효자가 김윤도金閏道다. 성주 금수면 광산리 면사무소 바로 옆에 그의 효행을 기리는 정려비각旌閭碑閣 있다. 순천 김씨인 김윤도의 효행은 그에 관한 전설을 먼저 살펴보는 것이 합당할 것 같다.

효성이 지극한 김윤도는 연세가 많은 부친이 병환으로 몸져 눕자 병환이 완쾌돼 일어나게 해달라고 하늘에 극진히 기도했다. 그러나 효험이 없어 부친이 식음을 전폐하자 자신의 손가락을 잘라 그 피를 부친의 입 속으로 떨어뜨려 사흘을 더 살도록 했다. 그후 모친이 병으로 몸져 누워 한 의원이 병에는 비둘기가 좋다고 해 백방으로 구했으나 끝내 비둘기를 구하지 못해 걱정이 이만저만이 아니었다. 그러던 어느 날 하늘을 날던 비둘기가 갑자기 김윤도의 집으로 날아들더니 모친 방의 문틀을 받고 떨어져 죽었다. 이 비둘기를 지극정성으로 달여 모친께 드렸더니 병이 완쾌됐다는 이야기가 전해오고 있다. 그 타당성 여부를 떠나 김윤도의 지극한 효성을 엿볼 수 있는 이야기란 생각이 든다.

김윤도정려비각은 1904년 세워졌다. 전면 측면 각 1칸으로 기와지붕이다. 건물 안에는 '효자학생순천김윤도지려' 란 편액 1점이 걸려 있다. 좌측면에 상량문이 걸려 있고 비석의 좌대는 화강암으로 장방형이다. 비신은

보통 볼 수 있는 화강암
으로 이수가 없이 상단
을 둥글게 마감했다. 세
워진 지 100년이 조금
넘었지만 정려비각은
다소 퇴색한 느낌을 준
다. 시멘트로 발라 놓은
담장도 눈에 거슬리고,
앞에는 그 흔한 안내판

그 효행과 관련해 신비한 전설을 많이 남긴 금수면의 김윤도정려비각.

도 없다. 김윤도의 효행을 통해 세상 사람들이 효에 대해 다시 한번 생각
할 수 있도록 적절한 조치가 필요할 것 같다.

동제바위와 조산

30번 국도를 따라 성주댐을 지나 김천 증산 쪽으로 달리면 금수면 봉두
리가 나온다. 안새출이라고도 불리는 마을이다. 이 부근에서 도로 왼쪽으
로 보면 커다란 바위 하나가 눈길을 끈다. 동제바위다. 바위는 높이 4m,
가로 5m, 세로 3m 정도 크기의 장방형이다. 동제바위란 이름은 마을 주민
들이 동제를 지낸 데서 유래됐다. 신기한 것은 바위 위에 자라는 소나무
다. 척박한 바위틈에서 자란 것을 감안하면 소나무는 수령이 200~300년
으로 추정되는 고목이다.

원래 이 동제바위 주변에는 커다란 조산(造山·돌무더기)이 있었다고 한
다. 성주댐을 조성할 당시 없어졌다는 것. 이 조산과 관련된 흥미로운 전

성주군 금수면 봉두리에 있는 동제바위와 그 위에서 자라고 있는 소나무.

설이 전해지고 있다.

　　조선 중기 이 마을에 사는 이씨 성을 가진 사람이 부산 동래부사를 제수
받아 사또로 부임했다. 임지로 내려가보니 고을 백성들은 흉년에다 무거
운 세금에 허덕이고 있었다. 그는 세금을 감면해주고 빈민을 구제하는 등
선정을 베풀었다. 또 탐관오리들을 없애고 백성들을 잘 살게 해 주민들은
그 선정에 대한 보답으로 공덕비까지 세웠다는 것이다.

그후 동래부사를 역임한 이 사람이 세상을 떠나자 성주의 동네 사람들은 매우 슬퍼하며 장례를 치르려 했다. 하지만 장지로 택한 곳이 산세가 악한 곳이라 성처럼 축대를 쌓아야 했다. 축대를 쌓으려면 많은 돌이 필요하고, 또 돌을 운반해야 하는 거리도 매우 멀었다. 작은 동네라 인부도 넉넉지 못해 주민들은 큰 걱정을 하고 있었다. 하는 수없이 장례를 치른 후 축대를 쌓기로 결정하고 상여를 운구해 장지에 오니 동네 사람도 아닌 많은 이들이 장사진을 이뤄 돌을 나르고 있었다. 그 중에는 아녀자들도 섞여 있었다. 동네사람들이 매우 궁금해하며 어디에서 온 사람들이냐고 물었더니 "우리는 동래부중에서 왔소이다"고 대답했다. 이어 "우리 사또께서 동래부사로 부임하셔서 우리들의 배고픔을 면하게 해주시고, 억울함을 풀어주시는 선정을 베푸셨으니 우리들이 가서 그분이 가시는 마지막 길을 도와야 하지 않겠느냐고 의논이 되어 이렇게 와서 일을 하고 있다"고 했다. 그들이 열심히 일을 한 덕분에 해질 무렵에 축대가 완성됐고, 축대를 쌓고 남은 돌을 바위 옆에 모으니 큰 조산이 되었다는 이야기다. 그래서 그때부터 마을에서는 이 곳이 의미 있는 곳이라 하여 장승을 세우고 바위에서 동제를 지냈다고 한다. 백성을 위해 선정을 베푼 한 선비와 그 은혜를 잊지 않고 갚은 백성들이 만들어낸 한 편의 아름다운 이야기에 마음이 숙연해진다.

제7부

사라진 것들에 대한 아쉬움

나라 잃은 왕족들의 한
-탑 층층마다 비운의 태자들 망국 恨 서려

• • • 대한제국 황제인 고종의 고명딸 덕혜옹주(德惠翁主 · 1912~1989). 나라 잃은 황족 · 왕족이 겪어야 했던 비극적 삶을 극명하게 보여주는 인물이다. 고종이 60세 되던 해에 태어난 옹주는 고종이 그녀를 위해 덕수궁에 유치원을 따로 만들어 줄 정도로 아버지와 황실의 극진한 사랑을 받으며 자랐다. 하지만 국운이 기울며 옹주의 삶은 비극으로 점철됐다. 일본 강제유학-신경쇠약-쓰시마섬 도주와의 정략 결혼-남편에게 버림받음-딸의 행방불명-정신장애로 도쿄 인근 병원에서의 투병 등 그녀의 인생은 파란만장했다. 귀국 후 노환으로 고생하던 옹주는 1989년 세상을 떠나 아버지 고종의 능소인 홍릉 뒤에 묻혔다.

그 넉넉한 품으로 찾는 이들을 푸근하게 감싸 안아주는 가야산! 덕혜옹주처럼 나라를 잃은 한恨에 몸부림치던 두 망국亡國 태자를 품어 안았다. 대가야의 월광태자月光太子와 신라 경순왕의 막내 아들인 범공梵空 스님이다. 신라에 의해 멸망한 대가야, 고려에 나라를 넘겨주며 천년사직을 마감한 신라, 400년의 시차를 두고 두 망국 태자가 나란히 가야산에서 불교에 귀의, 여생을 보낸 것이다.

마의태자의 아우, 범공 스님!

신라의 마지막 왕인 경순왕의 아들로는 마의麻衣태자가 널리 알려져 있다. 경순왕이 나라를 고려 태조 왕건에 넘기려 하자 왕의 맏아들인 태자는 울며 반대하다 금강산으로 들어가 삼베옷을 입고 풀을 먹으며 일생을 마쳤다. 그 후 사람들은 그를 마의태자라 불렀다.

이 이야기는 '삼국유사三國遺事' 권2 김부(金傅:경순왕의 이름) 대왕 조條에 자세하게 나온다. 더불어 마의태자의 아우인 범공 스님의 사연도 같이 등장, 주목을 끈다. "태자는 금강산으로 들어가 베옷과 채식으로 한세상을 마쳤고, 계자(季子:막내 아들)는 머리를 깎고 화엄종에 들어 중이 되어 법명을 범공梵空이라 하고 법수사에 머물며 해인사에 드나들면서 산승山僧으로 일생을 마쳤다." '해인사지海印寺誌'에도 신라가 망하자 경순왕의 계자 김덕지가 중이 되어 이곳 법수사에 들어가 해인사를 드나들면서 한때 여생을 보냈다고 기록돼 있다.

범공 스님의 이름은 김황金湟. 형인 마의태자의 이름은 김일金鎰이다. 두 사람은 경주 김씨의 시조인 김알지의 29세손이라 한다. 기록에는 범공 스

신라의 마지막 태자였다가 불문에 귀의한 범공 스님은 법수사에
머물며 여생을 보냈다.

님과 관련된 여러 이야기가 있다. 935년 경순왕이 고려에 투항할 때 마의태자와 함께 이를 말렸으나 듣지 않아, 처자를 버리고 개골산(皆骨山:금강산의 겨울 이름)에 들어갔다고 한다. 또 해인사에 들어가 스스로 범공이라 이름을 지었다고도 한다.

범공 스님이 여생을 보낸 성주군 수륜면 백운동의 법수사法水寺는 지금은 폐사가 됐다.하지만 범공 스님이 머물렀을 10세기 무렵에는 가야산을 대표하던 대가람이었다. 해인사와 더불어 성주지방 불교의 중심지로 존재했다. 이제 그 터만 남은 법수사에서 범공 스님과 관련된 흔적을 찾을 길은 없다. 그러나 시름을 삭여주는 가야산에서 천년사직이 스러진 한을 달랬을 스님의 모습은 어렵지 않게 떠올릴 수 있다.

범공 스님으로부터 400여 년 후의 사람인 이숭인李崇仁이 법수사를 드나들며 쓴 시는 망국 태자인 스님의 처지를 비유한 듯 애잔한 정조를 띠고 있다. '가을 바람에 기러기 남쪽으로 날려 보내며, 한 마리 새로 지은 시를 푸른 산 속에 보내오. 솔의 학과 바위의 원숭이도 응당 슬피 볼 것이니, 지난해 놀러온 나그네 아직 돌아오지 않는다고.'

달빛에 삭인 망국의 한!

대구에서 88고속도로를 타고 가다 해인사 나들목에서 내려 해인사를 찾아가는 길. 경남 합천군 야로면과 해인사 사이 1084번 지방도로 가에 월광사가 있다. 대가야의 월광태자가 망국의 한을 달랬다는 곳이다. 절은 푸근한 가야산을 뒤에 두고, 가야산 줄기를 타고 흘러내린 야천(안림천)과 남북으로 흐르는 이천천이 모로 만나는 지점에 자리를 잡았다. 이곳에서 태자는 나라 잃은 설움과 아픔을 삭였다.

월광태자가 세웠다는 절의 앞마당에는 시를 적은 비석이 하나 서 있다. '아득한 풍경소리 어느 시절 무너지고, 태자가 놀던 달빛 쌍탑 위에 물이 들어, 모듬내 맑은 물줄기 새 아침을 열었네.' 사라지는 왕국을 지켜봐야 했던 태자의 심경을 후인들이 새겨 넣은 것으로 보인다. 천년풍상을 견뎠을 절의 3층쌍탑도 태자의 한이 아로새겨진 것처럼 쓸쓸한 분위기가 감돈다.

'신증동국여지승람'에 따르면 대가야의 월광태자月光太子는 가야산 여신인 정견모주의 10세손이며, 아버지는 이뇌왕異腦王. 이뇌왕은 신라에 청혼, 이찬 비지배의 딸을 맞아 태자를 낳았다. 대가야와 신라와의 '국제결혼'에서 태어난 것이다. 이 책에는 월광태자가 월광사를 창건했다는 기록도 나와 있다. 522~529년 사이에 태어난 것으로 추정되는 월광태자는 562년 대가야가 멸망하는 것을 전후로 해 파란만장한 삶을 살아야 했다. 대가야와 신라는 왕실 간 혼인을 통해 동맹관계를 맺었고, 여기에서 태어난 월광태자는 결혼동맹의 증표와 같은 존재였다. 그러나 7년 동안 유지되던 결혼동맹이 신라의 배반으로 결렬되며 태자의 비운은 시작됐다. 어머니의 나라 신라와의 적대관계는 대가야 왕권 계승자였던 월광태자의 입장을 아

대가야의 마지막 태자인 월광태자가 창건했다는 경남 합천군 야로면 월광사. 절 앞에 동서로 서 있는 3층
쌍탑이 망국의 한을 달랬을 태자의 심경을 대변하는 듯 쓸쓸하게 느껴진다.

주 곤란하게 만들었을 것은 불문가지다. 나아가 태자로서 나라가 망하는
것을 지켜봐야 하는 설움과 한도 가슴에 사무쳤으리라.

본래 월광태자는 석가모니가 과거 세상에서 국왕의 아들로 태어났을 때의 이름. 몸이 아픈 사람을 위해 자기 목숨을 버려가면서 골수를 빼주는 선행을 베풀었다 한다. 월광태자란 이름에서 불교적 색채가 느껴지는 것도 이 때문이다. 대가야와 신라의 결혼동맹으로 태어나 나라의 패망을 지켜봐야 했던 월광태자, 천년사직이 문을 닫는 비운을 겪었던 범공 스님! 그 넉넉함으로 두 사람을 품은 가야산을 바라보며 "역사는 되풀이된다"는 화두와 함께 윤회輪廻란 두 글자가 한참 동안 머리에 맴돌았다.

법수사터·
월광사 위치

허물어져가는 가야산성
—험한 절벽 따라 쌓아올린 '호국의 숨결'

• • • 장안에 화제를 몰고 온 김훈의 소설 '남한산성'. 1636년
겨울 병자호란 당시 청의 대군을 피해 인조가 신하들과 함께 남한산성에
서 47일간 머물며 겪었던 일들을 다루고 있다. "문자화된 역사를 살아 있
는 생생한 살과 피의 형상으로 복원했다"는 평가를 받은 이 소설에는 전쟁
이란 극한 상황에 처한 다양한 인간 군상群像들이 등장, 흥미를 더한다.

뜬금없다고 할지 모르지만 '남한산성'을 언급한 이유는 가야산에 있는
가야산성 이야기를 하기 위해서다. 남한산성이나 가야산성에서 보듯 우리
조상들은 전쟁에 대비하기 위해 전국 곳곳에 산성山城을 쌓았다. 조선 세종
때의 양성지梁誠之는 "우리나라는 성곽의 나라"라고 할 정도였다. 그 당시
민초들의 땀과 눈물로 쌓은 산성에는 역사와 문화, 그리고 간과해서는 안
될 이야기들이 성벽의 돌처럼 켜켜이 쌓여 있다.

가야산성이 언제 만들어졌는가에 대한 기록은 어디에서도 찾아보기 힘들다. 일설에는 대가야大伽倻와 관련이 있을 것으로 보고 있다. 대가야의 수도였던 경북 고령과 가야산성의 거리는 약 14km. 이런 연유 등으로 대가야 전성기에 가야산성을 쌓았다는 추측이 나오고, 대가야가 이궁(離宮·임금이 거동할 때 머무는 별궁)으로 이용했을 가능성을 제기하는 사람들도 있다.

가야산성 위치도

칠불봉

북문지

동문지

용기사지

서성재

백운암지

일요암지

서문지

마애여래입상

남문지

가야산을 오르다 보면 곳곳에서 가야산성을 만날 수 있다. 성주군 수륜면 백운리를 출발, 용기골을 따라 서성재로 오르는 등산로를 가다 보면 백운2교가 나온다. 백운2교 부근이 가야산성의 남문터南門址다. 남문지는 그 규모나 위치로 볼 때 가야산성의 주 출입구로 사용된 것으로 짐작된다.

이곳에서 북동쪽으로 10여m를 가면 남문지의 오른쪽 육축부陸築部에 해당되는 성벽이 있다. 용기골과 접한 남문지의 남동쪽 성벽은 유실돼 그 흔적을 찾기 힘들다. 높이가 5m가량 되는 이 성벽은 13m정도 이어지다 산의 절벽과 맞닿아 있다. 크고 작은 돌을 정교하게 쌓아올린 성벽에 손을 대면 성을 만든 이들의 숨결이 생생하게 다가온다.

가야산성은 산 정상인 칠불봉(1433m)의 동남쪽에 자리잡고 있다. 용기

서성재에서 칠불봉을 오르는 구간에서 만나는 가야산성. 하얀 눈이 소복하게 쌓인 가야산성에 신비로운 햇살이 비치고 있다.

골의 좌우로 상아덤과 재골산才骨山의 능선을 따라 축성됐다. 계곡을 품고 쌓은 전형적인 포곡식包谷式 산성. 2000년 대구대박물관이 가야산성에 대한 지표조사를 한 결과 성의 둘레는 7.156km이지만 대부분의 성벽이 무너진 상태다. 그나마 남아 있는 성벽은 높이가 1.5~3m 정도다. 성안 면적은 205만m².

등산객들이 가장 많이 만나는 가야산성의 한 부분은 서성재에서 칠불봉

▲백운대 부근의 가야산성. 크고 작은 돌을 서로 맞물려 성벽을 쌓았다.
◀가야산성의 주 출입구인 남문지 부근의 성벽.

에 오르는 구간에 있다. 이곳은 무너진 성벽을 따라 등산객들이 오르내리고 있다. 일부 남아 있는 성벽의 형태를 보면 직경 50cm 내외의 산석山石을 이용해 성을 쌓았다. 일부는 자연암반 위에 쌓은 경우도 있고, 일부는 아랫부분까지도 알 수 없을 정도로 허물어져 있다. 허물어져 있는 성벽의 폭이 10m에 이르는 곳도 보인다. 서봉래 전 가야산 국립공원 백운분소장은 "그 당시 사람들의 땀과 눈물이 녹아든 가야산성을 밟고 오르도록 등산로가 만들어져 매우 안타깝다"며 "산성 옆으로 새로운 등산로를 만들어 산성을 보호하는 방안을 마련해야 한다"고 주문했다.

대가야 무렵 쌓은 것으로 추정되는 가야산성은 옛 기록에 자주 등장할 정도로 중요한 역할을 했다. '신증동국여지승람'에는 "석축의 둘레가 4,828m, 높이는 15m인데 반은 퇴락하였다. 성내에는 계곡이 6개소, 10개 샘이 있으며 평탄하고 험한 것이 반반이다"고 기록돼 있다. 임진왜란 때엔 인근 백성들의 피신 장소로 쓰인 것으로 추정된다. 1594년 체찰사體察使 이원익李元翼은 가야산성에 스님 의병장이 있음을 알게 됐고, 그후 조정에서는 승장僧將 신열信悅에게 명해 옛 성을 다시 고쳐 쌓게 하고 주민들이 병란을 피하게 했다는 것이다. 성안에 있던 절인 용기사 터에는 당시 사람들이 썼던 맷돌 등이 남아 있다. 가야산성이 호국 산성의 역할을 톡톡히 한 것이다.

　　대부분이 허물어진 가야산성은 지금 시점에서 어떤 의미가 있고, 어떻게 활용해야 할까? 먼저 지표조사를 했던 대구대박물관의 견해를 살펴보면 그 해답을 어느 정도 찾을 수 있다. 박물관 측은 무너진 성벽의 복원을 촉구했다. 남아있는 구간의 성벽을 참조하면 충분히 복원할 수 있다는 얘기다. 문루 등의 복원과 함께 문이 있던 터 등에 대한 발굴조사도 뒤따라야 한다고도 했다. 성안에 있던 절들인 용기사, 백운암, 일요암 등의 터에 대한 발굴조사와 더불어 산을 찾은 사람들의 휴식처로 활용하는 방안도 제안하고 있다.

　　관심을 갖는 사람들이 별로 없어 하루하루 스러져가는 가야산성! 가야산과 함께 민초들의 삶을 생생하게 지켜봤을 가야산성이 나라사랑을 되새겨보는 소중한 곳으로 탈바꿈하기를 기대해본다.

가야산 지킴이
박재관 성주군청 학예사

"가야산성은 가야산의 돌과 험한 자연지형을 잘 활용해 쌓은 것이 특징이지요. 조상들의 땀이 스며 있는 산성을 복원하는 것은 물론 제대로 활용하기 위한 방안을 찾아야 합니다." 박재관(40·사진) 성주군청 학예사는 가야산성이 역사적, 문화적으로 매우 의미있는 문화재라고 강조했다. 임진왜란 때엔 승병과 인근 백성들이 하나가 돼 성을 개축하고 피란하기도 했어요. 호국의 얼이 깃들였다는 데서 가야산성은 커다란 역사성을 갖고 있습니다."

현재 가야산성은 경상북도 기념물로 지정돼 있는 상태다. 하지만 산성이 가야산 국립공원 안에 있다보니 성주군청 차원에서 복원을 하는 데 걸림돌이 적지 않은 실정이란 것. 박 학예사는 "성안에 있는 용기사지 등 불교 유적에 대한 조사도 시급하다"고 했다. 이어 박 학예사는 가야산은 호국과 화합의 공간이라며 큰 의미를 부여했다. "가야산성에는 나라를 생각하는 당시 백성들의 정신이 깃들어 있어요. 가야산은 불교와 유교, 풍수지리가 한데 어우러진 곳입니다."

독용산성

• • • 사도세자의 아들로 할아버지 영조의 뒤를 이어 왕위에 오른 정조正祖. 그는 뒤주 속에서 억울하게 세상을 떠난 아버지 사도세자의 능을 수원 화산으로 옮기며 수원 화성華城을 쌓았다. 지극한 효심으로 축성된, 근대 성곽 건축의 백미白眉로 일컬어지는 화성은 수도 서울의 남쪽 방어기지로서의 역할을 맡았다. 나아가 당쟁이 극심했던 나라를 쇄신하고, 강력한 왕도정치를 실현하려는 정조의 원대한 꿈도 담겨 있다.

또한 화성의 건설에 당대 동서양의 과학과 기술의 성과들이 총결집된 것도 주목을 끈다. 단원 김홍도를 비롯한 예술가들, 번암 채제공과 실학의 거두 정약용을 포함한 당대 최고의 지식인들이 축성에 참여했다. 기능성과 과학성, 예술적 아름다움까지 갖춰 조선시대 절정의 문화적 역량을 유감없이 보여준다는 평가도 받고 있다.

"영남에서 가장 규모가 큰 산성!"

성城은 인간이 쌓아 올린 대표적 건축물 가운데 하나다. 특히 산이 많고 외적의 침략을 자주 받은 우리나라에선 성을 쌓고 유지하는 데 심혈을 기울였다. 그래서 성에는 그 당시 사람들의 땀과 눈물, 이야기들이 스며 있다.

가야산 중턱에 있는 '가야산성'과 함께 성주를 대표하는 산성이 또 하나 있다. 바로 '독용산성'이다. 독용산성이란 이름은 독용산(禿用山·955.5m)에서 유래됐다. 산성은 김천 대덕산에서 가야산으로 뻗어 내려온 줄기인 독용산 정상부에 자리잡고 있다. 성주군 가천면 금봉리와 금수면의 봉두리, 무학리, 영천리에 걸쳐 있으며 전형적인 포곡식包谷式 산성이다.

고구려를 비롯해 우리 조상들이 쌓은 성의 대부분은 산성山城이다. 이 산성이 어떠한 구조를 갖고 있느냐에 따라 포곡식, 테뫼식, 복합식 산성 등으로 나눌 수 있다. 독용산성은 이 가운데 포곡식 산성에 해당한다. 성 내부에 넓은 계곡을 포용包容해 축성된 산성으로, 계곡을 둘러싼 주위의 산릉山陵을 따라 성벽을 축조한 형태다. 테뫼식 산성(머리띠 산성)은 산의 정상 부근에 머리띠를 두른 듯이 쌓은 것을 일컫는다. 산봉우리를 중심으로 해 그 주위에 성벽을 두른 모습이 마치 머리에 수건을 동여맨 것 같아 이 같은 이름이 붙었다. 대개 규모가 작은 산성에 많다. 복합식 산성은 흔하지 않은 형태로, 태뫼식과 포곡식을 혼합해 축성된 것이다.

독용산성을 찾아가는 데엔 두 길이 있다. 성주댐 수문 아래에 있는 중산 마을을 통해 독용산으로 올라가거나, 가천 금봉리 시어골에서 독용산으로 이어지는 임도를 따라 올라가면 된다. 산성의 둘레는 7.7km(평균 높이 2.5m, 평균 폭 넓이 1.5m)로 영남지방에 구축한 산성 중 가장 규모가 크다고 한다.

1천500여년의 역사를 자랑하는 성주 독용산성. 복원된 동문과 성곽이 독용산과 어우러져 그림처럼 아름다운 풍광을 자랑한다.

임진왜란 때 산성 발견

독용산성의 정확한 축조연대는 알 수 없다. 출토유물 등으로 미뤄 1천

500여년 전인 5세기쯤 성산가야에서 처음 축조한 것으로 추정하고 있다. 그러나 성산가야가 신라에 복속된 이후 독용산성은 그 기능을 상실하고 말았다. 삼국시대, 통일신라, 고려를 거쳐 조선 중기에 이르기까지 1천여년 동안 세인들의 관심에서 멀찍이 벗어나 있었던 것. 그러다가 임진왜란 때 왜군의 침략을 피하던 백성들에 의해 독용산성이 발견됐고, 그 가치가 새삼 주목을 받게 됐다. 나라에서는 산의 형세가 험해 병란을 피하기에 적합한 곳으로 판단하고, 숙종 원년에 성을 개축하기 시작해 그 다음 해에 완성했다. '조선왕조실록'에서 독용산성 개축에 대한 여러 기록을 찾을 수 있다.

1992년에는 대구대박물관에 의해 독용산성에 대한 지표조사가 이뤄졌다. 그에 따르면 성안 면적은 1.175km²이며 성벽은 주위에서 쉽게 구할 수 있는 화강암을 잘라 축조했다. 일반적인 석石산성과 같이 아래엔 큰 돌을 놓고 점차 위로 올라갈수록 작은 크기의 성돌을, 자연석 상태로 외벽을 면에 맞춤한 막돌 흩은층쌓기를 했다. 사이사이의 공간에는 잔돌끼움쌓기를 해 성벽의 틈새를 메우는 형태로 되어 있다. 계곡을 지나치는 성벽의 경우에는 단段 지워 성벽쌓기를 해 급경사에 따른 성벽의 붕괴를 막도록 했다.

지금은 성문·성벽의 일부가 남아 있을 뿐 나머지는 무너지고 없어져 돌

독용산성 성곽길을 따라 걸으면 자연스레 추억에 잠기게
된다.

무더기와 그 옛터로 짐작되는 건물지만을 확인할 수 있다. 그러나 개축할 당시 독용산성은 둘레가 4천581보步이고, 여장(女墻:성위에 설치하는 구조물로 적의 화살이나 총알로부터 몸을 보호하기 위해 낮게 쌓은 담장을 일컬음)이 2천405첩堞에 이른다는 기록이 남아 있다. 또 동옹성東瓮城, 장대將臺, 동서남북의 네 포루砲樓, 동문東門, 수구문水溝門, 남소문南小門 등이 있었으며 합천과 거창의 군병 등을 배속하는 등 그 규모가 매우 컸다. 성을 관리하기 위해 객사客舍, 동ㆍ서 창고, 군기고軍器庫 등의 건축물이 갖춰졌지만 조선말기 군사적 필요성이 없어지면서 방치돼 성곽과 시설물들은 허물어지고 말았다.

가야산과 성주댐 등 빼어난 절경!

독용산성 안에는 절을 비롯해 여러 건물이 있었다. 지금까지 남아있는 건물터는 안국사지安國寺址다. 기록에 따르면 안국사 외에도 보국사保國寺,

진남사鎭南寺 등이 있었다고 하지만 안국사지를 제외한 다른 절터는 찾을 수 없다. 절의 이름에 나라를 지키려는 뜻을 담은 것이 흥미롭다. 안국사지는 경작에 의해 유구遺構가 거의 사라져 버렸으며 주초석柱礎石은 매몰되어 있어 절터였음을 짐작할 수 있을 뿐이다. 안타까운 심정으로 바라볼 수밖에 없다.

산성 안에 사찰이 있었던 것은 주로 승군僧軍이 있어 주둔병으로서의 역할을 담당했음을 보여주는 증거다. 특히 임진왜란을 계기로 활발하게 일어났던 승군들이 전투가 없을 때는 축성공사에 동원되었던 전례로 볼 때 독용산성의 개축과정과 방어에 이들이 투입되었을 것으로 짐작된다. 아울러 안국사 등에 거처하는 승려들은 독용산성의 유지 및 관리에 중요한 역할을 맡았을 것이다.

독용산성 가는 길에서 만난 성주댐의 일몰.

성곽과 문루를 복원한 독용산성의 동문을 들어서면 5기의 비석으로 이뤄진 비석군이 보인다. 크기는 각양각색이나 모두 독용산성이 개축된 이후 수성守城에 관계했던 관리들을 기리는 선정비들로 산성안에 산재해 있던 것을 모아 놓은 것이다.

독용산성은 얼마 전부터 성주군에서 보수를 시작해 지금은 홍예형(虹霓形:무지개)의 동문과 문루를 복원하고 주변 성곽의 일부와 동치성東雉城을 보수했다. 옛 독용산성의 모습을 일부나마 짐작할 수 있어 매우 반갑다. 깊은 산 속에 위치한 성문과 성곽의 웅장한 모습은 찾는 이로 하여금 독용산성의 위용을 일부나마 가늠해 볼 수 있게 해 준다. 특히 성문의 문루에 올라 사방을 내려다보면 가야산 등 주변의 아름다운 풍광이 한눈에 들어와 가슴이 확 트인다.

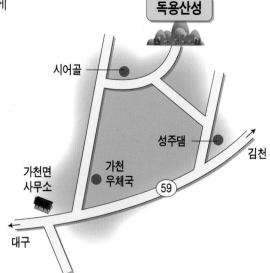

생명 존중의 표본, 세종대왕자태실
─태실 감싸 안은 연꽃 산세···생명 기운 넘쳐

• • • "단 한 명의 백성도 그에게는 하늘이고 땅이고 우주였다." 시청자들에게 인기를 끄는 드라마 '대왕세종'에서 세종대왕을 축약·표현한 문구다. 한글 창제, 측우기 발명 등 그 업적들을 찬찬히 살펴보면 '민본주의'를 실천한 대왕에게 가장 적합한 문구란 생각이 든다. 곰팡내 나는 역사의 책갈피 속에 머물러 있었던, 또는 신화화돼 사람들로부터 거리감이 있었던 세종대왕을 친숙한 존재로 부각시켰다는 점에서 드라마 '대왕세종'이 기여한 바는 나름대로 의미가 있다.

각설하고 별 고을, 성주 땅에는 세종대왕과 그 왕자들과 관련된 유적이 있다. 성주군 월항면 인촌리에 있는 '세종대왕자태실世宗大王子胎室'이다. 세종대왕의 적서 왕자들의 태를 묻은 이곳에서는 생명의 존귀함은 물론 권력 투쟁의 비애, 역사의 순환, 옳은 것을 소중하게 여기는 백성들의 마음 등 다양한 소회를 느낄 수 있다.

경북 성주군 월항면 인촌리에 있는 세종대왕자태실. 생명을 귀하게 여겼던 우리 조상들의 생명에 대한 경외감을 확인할 수 있는 곳이다.

생명 존중의 표본, 태실!

성주읍에서 세종대왕자태실까지는 승용차로 20여 분이면 족하다. 905번 도로로 월항으로 가 선석산으로 향하는 길을 따라가면 쉽게 찾을 수 있다. 태실을 가기 전 태실이 어떤 의미를 갖고 있는가를 알아보는 것이 답사에 큰 도움이 된다.

뱃속의 아이와 어머니를 이어주는 태胎는 생명력을 상징하는 존재다. 그래서 우리 조상들은 아이가 태어난 후에도 태아에게 생명력을 부여한 태를 소중하게 다뤘다. 아기 배꼽에서 떨어져 나온 탯줄을 한지에 곱게 싸고 명주실로 꼼꼼히 묶은 뒤 안방 벽, 가장 높은 곳에 걸어두는 풍습이 흔했었다. 그만큼 태를 귀중하게 여긴 것이다.

하물며 왕자의 태는 국운과 관련 있다고 해서 갈무리하는 데 더욱 정성을 쏟았다. 조선시대 왕실에서는 왕자가 태어나면 태를 깨끗이 씻은 뒤에, 백자 항아리에 잘 보관했다. 그리고 이 항아리를 묻을 좋은 터와 날짜를 따로 잡아서 '안태식' 이라고 하는 의식을 크게 치렀다.

태를 묻는 의식을 거쳐 왕자들의 태를 묻은 곳이 태실胎室이고, 임금의 태를 묻은 곳은 태봉胎封이라 일컫는다. 성주에는 태봉과 태실 3곳이 있다. 용암면 대봉리 조곡산에 조선 태종의 태를 묻은 태봉이 있고, 가천면 법전리 법림산에는 단종의 태를 묻은 태봉이 있다. 그리고 월항면 인촌리 세종대왕자태실에는 세종대왕의 적서 왕자 17명의 태를 묻었다. 성주를 '태실의 고장' 이라 부르는 연유가 여기에 있다.

주차장에서 계단 수십여 개를 오르면 세종대왕자태

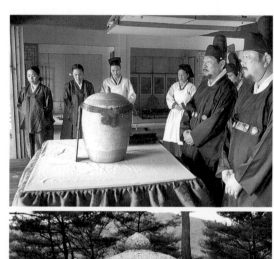

성주군이 주최하는 태(胎) 봉안의식이 매년 서울 경북궁 교태전과 강녕전에서 재현되고 있다.(위)
비운의 왕인 단종의 태실은 숙부들과 멀리 떨어져 한구석에 서 있다.

실이 보인다. 현재 이곳에는 세종대왕의 적서嫡庶 18왕자 중 큰 아들인 문종文宗을 제외한 17왕자의 태실과 원손元孫인 단종端宗의 태실 등 모두 19기가 모셔져 있다. 숫자가 맞지 않는 것은 왕자 중 한 사람의 태실이 두개이거나 왕실족보인 선원록, 실록 등에 수록되지 않았으나 태어나 일찍 죽은 왕자의 태실이라는 설이 있다.

왜 이곳에 태실을 만들었을까? 태실에서 주변을 둘러보면 연꽃잎처럼 주변의 산들이 태봉 '꽃봉오리'를 감싸 앉은 듯한 형상을 하고 있다. 문외한이라도 명당이란 것을 한 눈에 알 수 있다. 태실의 재질은 화강암. 그 구조는 위로부터 연엽을 새긴 개첨석이 있고, 그 밑으로 둥근 모양의 중동석, 다시 그 밑으로 네모난 모양의 연엽대석이 있다. 연엽대석 밑에는 태를 담은 백자 항아리를 보관하기 위한 석함이 묻혀 있다. 이 태실은 세종 20년(1438)에서 24년(1442) 사이에 만들어졌다.

파란 많은 역사를 품다!

태실 19기 가운데 14기는 조성 당시의 모습을 유지하고 있으나 다섯 기는 윗부분이 아예 없다. 금성대군 등 세조의 왕위 찬탈에 반대한 다섯 왕자의 태실은 네모난 모양의 연엽대석을 제외한 석물이 파괴돼 남아 있지 않은 것. 누구의 태인지를 알리는 빗돌(장태비)도 없거나 파손돼 있다. 수양대군의 동생들인 금성대군, 한남군, 영풍군, 화의군, 계유정란 때 죽은 안평대군까지 이 다섯 왕자들의 태와 빗돌을 모두 파헤쳐서 산 아래로 던져버린 것을 1975년에 다시 찾아내 이곳에 함께 앉혀 놓았다.

태(胎) 봉안의식이 매년 성주시내에서 재현되고 있다. 사진은 항아리를 운반하는 있는 주한미군.

　숙부들의 태실이 있는 한구석에 서 있는 조카 단종의 태실은 우여곡절을 갖고 있다. 숙부들과 같이 묻혔던 단종의 태는 문종 때에 숙부들과 같이 있는 것이 마땅치 않다고 하여 가천 법림산으로 옮겼다. 하지만 단종이 왕위를 찬탈당하고 강원도 영월에 유배됐다가 죽임을 당한 후 법림산의 단종태봉은 그 흔적만 유지하고 있다. 본디 태실의 석물은 태를 옮길 때 같이 옮기지 않고 땅에 묻었는데 월항면에 있었던 단종태실의 석물은 땅에 묻힌 것을 다시 세웠다. 그런 탓에 수백년 세월 동안 이끼가 끼어 고색창연한 숙부들의 태실과 달리 단종의 태실은 표면이 비교적 깨끗한 상태다.

생명 교육의 현장으로 삼아야

세종대왕자태실은 우리나라에서 왕자 태실이 완전하게 군집을 이룬 유일한 형태라는 점에서 역사적 가치가 매우 높다. 뿐만 아니라 조선시대 태실의 초기 형태연구에 중요한 자료라는 점, 그리고 고려에서 조선으로의 왕조 교체와 함께 왕실의 태실 조성방식의 변화 양상을 볼 수 있다는 점에서 문화재적 가치를 인정받고 있다.

무엇보다도 생명의 표본인 태를 정성스레 갈무리해 인간 생명의 존엄성을 높였다는 측면에서 태실에 더욱 주목할 이유가 있다. 태실 문화는 우리 민족만이 갖는 고유한 문화이자 종합예술인 것이다. 세종대왕의 왕자 태실은 그 원형을 보존해 내려오는 세계에서도 유례를 찾아보기 힘든 장태 문화의 정수를 보여주는 곳이란 측면에서 큰 의미가 있다.

가야산 지킴이

박기열 성주군문화원 사무국장

"성주는 태어남과 삶, 그리고 죽음의 의미를 되돌아 볼 수 있는 곳을 모두 갖고 있습니다."

'상생의 땅 가야산' 제자題字를 쓴 서예가 박기열 (48 · 성주군문화원 사무국장)씨. 성주군 문화관광해설사로도 활동하는 그는 세종대왕자태실, 한개마을 그리고 성산동고분군은 생활사生活死란 3가지 측면에서 의미를 지닌 곳이라고 강조했다. 그는 "태실은 전국에서 길지를 골라 정하기 때문에 성주에 태실이 많다는 것은 그만큼 좋은 땅이란 사실을 입증하는 셈"이라며 "세종대왕자태실은 그 원형을 보존해 내려오는 장태문화의 정수를 보여주는 유일한 곳"이라고 의미를 부여했다.

박씨는 성주군과 문화원이 힘을 합쳐 태실을 중심으로 별빛기행 등 문화행사를 적극 추진하고 있다고 귀띔했다. "태실은 왕실의 문화와 민초들의 문화가 서로 교류가 되는 징검다리 역할도 했어요. 태실을 중심으로 한 문화행사를 통해 우리 조상들의 생명에 대한 경외심을 새삼 느낄 수 있을 것입니다." 성주에는 보물 등 문화재가 65점이나 된다고 전제한 박씨는 "참외를 통한 소득 증대와 더불어 가야산과 태실 등 자연 · 문화자원을 토대로 한 관광객 유치와 성주 브랜드 개발 등의 노력이 반드시 필요하다"고 덧붙였다.

풍수의 땅 만수동과 성밖숲

—정감록 · 비결서마다 "천혜의 피난처 · 길지"

• • • 대륙과 해양을 잇는 반도半島라는 지리적 환경 탓인가, 아니면 무武보다는 문文을 숭상, 스스로를 지킬 힘이 부족했기 때문일까? 우리 민족은 유달리 외침에 시달렸다. 삼국시대부터 조선시대에 이르기까지 대륙에서 438회, 해양에서 493회 등 모두 931회에 이르는 외세의 침략을 받았다는 기록이 있다. 대략 2년에 한 번꼴로 전란이 있었던 셈.

전란은 무엇보다 민초들에게 커다란 희생을 강요했다. 전쟁이 나면 농사를 지을 수 없어 굶주리며 이리저리 떠돌아야 했고, 기아와 전염병 등으로 귀중한 목숨을 잃는 일이 비일비재했다. 무기나 싸움으로 사망하는 것보다 굶주림과 전염병으로 양민들이 희생되는 경우가 훨씬 많았다.

이런 연유로 민초들에겐 기근과 역병, 전란 등 삼재三災를 피할 수 있는 곳이 '이상향'이 될 수밖에 없었다. 전란이 나면 현실적으로 도피할 수 있는 피란처이기도 했다. '십승지+勝地'는 바로 여기에서 비롯됐다. 조선 중기의 예언가 남사고南師古는 '산수십승보길지지'에서 기근, 역병, 전란을 피해 살아남을 수 있는 열 곳의 땅을 언급했다. 그뿐만 아니라 여러 술가術家들이 지목한 십승지로는 풍기의 금계촌, 안동의 내성, 보은 속리산 아래 증항 근처, 운봉 두류산 아래 동점촌, 예천의 금당동, 공주의 유마지방, 영월의 정동 상류, 무주의 무풍동, 부안의 변산, 성주 가야산의 만수동이 꼽히고 있다.

지친 몸과 마음을 보듬어주는 만수동과 태평동!

성주군 가천면 옥계(포천계곡)와 나란히 달리는 903번 도로를 따라 신계리로 향한다. 십승지의 하나로 꼽히는 만수동을 찾아가는 길이다. 신계리를 지나 마수리로 가는 도로를 달리다 오른쪽으로 접어들어 곰실熊谷로 올라간다. 가천면 마수리에 속한 곰싯골 뒷산이 만수동이다. 신계리~마수리 포장도로에서 꼬불꼬불 10여 분을 달려 만수동에 닿았다.

만수동萬壽洞은 옛날부터 정감록鄭鑑錄과 여러 비결에 자주 언급됐던 곳. 가야산 동북의 만수동은 난세에 병화를 입지 않는 복지라 전해오고 있다. 감여가의 말을 믿는 사람들이 자주 드나들었고 여말과 한말에는 은사들의 입산도 많았다. 만수동은 부족 성읍국가 시대에는 수동壽洞으로 불렸고 지금의 마수동馬水洞은 1895년 고종 때 만수동을 고쳐 지은 이름이다.

만수동 답사길에 동행한 풍수지리 전문가인 홍승보 명인철학원 원장은 만수동을 십승지로 꼽힐 만한 '길지'라고 했다. "만수동 뒤편으로 태조산

성주군 가천면 만수동은 우리나라 십승지 중 한 곳으로 꼽히는 길지다. 그 안의 생기가 빠져나가지 않도록 풍수지리적으로 관쇄(문이 잠김)가 잘돼 있는 것이 특징이다.

에 해당하는 가야산과 탐라목성인 현무봉이 자리를 잘 잡았고 좌청룡과 우백호에 해당하는 산들의 형세도 빼어나군요. 무엇보다 만수동은 그 안의 생기生氣가 밖으로 빠져나가지 않도록 관쇄가 아주 잘 되어 있습니다." 물이 흘러나가는 파구破口가 곧바로 밖으로 연결되지 않고 산자락으로 둘러싸여 만수동의 생기를 잘 간직하고 있다는 얘기다. 만수동에서 바라보는 안산도 좋은 형세를 갖고 있다고 홍 원장은 덧붙였다. 만수동 중앙으로 흐르는 계곡은 맑은 정기를 간직하고 있다.

옛 기록에도 만수동은 "난세에 몸을 보전할 땅" "복을 듬뿍 주는 길지"로 언급돼 있다. '성주군지' 가천면 마수조條 기록을 보면 "마수리는 남쪽으로 수륜면과 인접하고 서남쪽으로는 가야산 상봉으로 이어지는 가야산의 아

랫자락으로서 예부터 병란을 피하고, 생리의 덕이 있는 명지의 일처로 일
컬어져 만수동이라고도 한다. 그래서 예부터 난세에 많은 은사들이 이곳을
수양처로 삼아 정착하였던 것이다"고 했다. 또 곰시조에는 "가야산 상봉의
동북쪽의 가파른 산언덕 아래 자리한 마을로서 마수 마을과 더불어서 천혜
의 피병지이며, 난세의 은거지로 알려져 있다"고 적혀 있다.

만수동은 북쪽을 바라보고 앉았지만 햇볕이 잘 드는 등 그 터에는 따뜻
한 기운이 감돌고 있다. 북서쪽에서 불어오는 차가운 바람을 산들이 막아
주고, 하루 종일 햇빛이 비쳐 쌓인 눈이 잘 녹는다는 것. 현재 만수동에는
10여 가구가 모여 살고 있다. 홍 원장은 "옛 기록에 나오는 만수동은 이 곳
을 중심으로 사방 78km(200리)를 일컫는 것으로 보면 된다"고 설명했다.

수륜면에 있는 태평동太平洞은 가야산의 4절四絶가운데 동쪽에 해당되는
곳이다. 나머지 세 곳은 백운동(남), 해인사(서), 옥류천(북) 등을 일컫는
다. 태평동을 찾아가려면 성주읍에서 수륜면으로 가는 33번 도로를 따라
가다 면소재지 조금 못 미쳐 봉양리로 접어들면 된다. 봉양리를 지나 숲속
으로 난 길을 따라 차량으로 20분 정도, 다시 걸어서 20분 정도를 오르면
태평동이 나온다. 태평동은 만수동에 버금가는 길지로 알려져 있다. 고려
말 개성판윤을 지낸 박가권은 조선이 개국하자 관직을 버리고 태평동에
초옥을 마련하고 고려 500년 사직의 허무함을 달래고 수없이 찾아오는 은
사들과 학문을 토론하며 여생을 보냈다. 태평동 입구의 큰 바위에는 그가
새겼다는 불이문不二門이라는 글씨가 있다.

풍수지리가 곳곳에 스며든 땅, 성주

  19세기 후반 성주의 지식인 도한기都漢基는 '읍지잡기邑誌雜記'에서 성주의 읍터와 안산을 이렇게 묘사했다. "본 고을의 읍내는 와우형臥牛形이다. 안산을 성산이라고 이름한 것은 소가 별을 보며 누워 있는 모양이기 때문이다." 소가 누워 있는 모습을 하고 있는 성주이기에 당시 사람들은 풍수에 따라

녹음이 짙어가는 성주읍 경산리 성밖숲은 풍수지리사상에 따라 조성된 비보림. 지금은 성주 사람들의 축제 공간 및 휴식처 역할을 톡톡히 하고 있다.

그에 걸맞은 조치를 취했다. 길한 존재인 소를 붙들어 두기 위해 다양한 방안을 강구한 것. 예를 들어 초전동草田洞라고 한 것은 소가 풀을 보고 가지 않는다는 뜻을 취한 것. 또 안산에 해당하는 성산은 호랑이가 엎드려 있는 복호형伏虎形이어서 소가 달아나지 않도록 하는 역할을 하는 것으로 풀이했다. 이천伊川이 돌아나가는 성주읍의 수구水口에 해당되는 갈막에는 가축을 도살하는 움막집을 둬 소가 성주읍을 벗어나는 것을 막았다는 이야기도 있다. 성주읍 예산리에 있는 동방사지 7층 석탑은 성주의 지기가 냇물과 같이 빠지는 것을 막기 위해 세워진 지기탑地氣塔이라고도 한다.

또한 성주의 명소가 된 성주읍 경산리 성城밖숲도 풍수지리사상에 따라 조성된 곳이다. 이천가를 따라 성주읍성 밖에 만들어진 이 숲에는 300~500년생 왕버들 57그루가 자라고 있다. '경산지' 및 '성산지'에 성밖숲을 만들게 된 사연이 나온다. 성밖 마을의 아이들이 이유 없이 죽는 등 여러 흉사가 이어지자 이를 방지하기 위해 숲을 조성했다는 것. 마을의 풍치와 보호를 위한 선조들의 전통적 자연관을 느낄 수 있는 대목이다. 홍승보 원장은 "풍수지리학적으로 성밖숲은 음과 양의 기운을 이어주는 역할을 하고 있다"고 했다. 성밖숲은 노거수 왕버들로만 구성된 단순림으로 학술적 가치도 높다. 그뿐만 아니라 마

풍수지리 전문가인 홍승보 명인철학원 원장은 만수동을 십승지로 꼽힐 만한 '길지'라고 강조한다.

을의 풍수지리 및 역사와 문화, 신앙에 따라 조성되어 마을 사람들의 사회적 활동과 토착적인 정신문화의 재현 공간으로 이용되고 있다. 전통적인 마을 비보림神補林으로 향토성과 역사성을 가진 숲이라 부를 만하다. 요즘에 성밖숲은 성주참외축제 등 크고 작은 행사를 하는 공간은 물론 아이들의 소풍 장소, 주민들의 산책 및 운동 공간 역할도 톡톡히 하고 있다. 한창 녹음이 짙어가는 성밖숲을 걸으니 후인들을 위해 숲을 만든 선조들의 사랑과 지혜가 새삼 가슴에 와닿았다.

망국의 아픔, 대명단과 풍천재
-정유재란때 귀화한 明장수 시문용·서학 망국恨 서린 곳

　　• • •1592년부터 1598년까지 이 땅을 붉게 물들였던 임진왜
란과 정유재란. 7년간에 걸친 참혹한 전쟁은 조선뿐만 아니라 명明나라와
일본에 커다란 영향을 줬다. 세 나라 군사들의 치열한 싸움터가 됐던 조선
은 국토가 황폐화되고, 백성들의 삶은 피폐해졌다. 정치·경제·문화·사
회·사상 등 각 방면에 걸쳐 심각한 타격을 입었다. 조선에 지원병을 보냈
던 명나라는 국력이 쇠약해져 전란 중 대두하기 시작한 여진의 청淸나라에
의해 멸망하고 말았다. 일본은 조선 침략 결과로 인쇄술과 요업窯業, 성리
학 등이 비약적으로 발전하는 기회를 잡았다.

　전쟁은 세 나라의 국운에는 물론 그 시대를 살았던 개개인들의 삶에도
큰 상흔을 남겼다. 하나뿐인 목숨을 잃은 사람에서부터 소중한 가족을 잃
은 사람, 삶의 터전을 송두리째 빼앗긴 사람 등 크고 작은 차이만 있을 뿐

성주 용암면 대명마을 뒷산에 있는 대명단은 절강 시씨, 절강 서씨들이 고국을 그리워하며 북망사배를 올리는 곳이다.

수많은 이들이 고통을 겪었다. 전쟁을 두고 '고도의 정치적 행위'란 수사修 辭도 있지만 그 과정과 결과는 너무도 참혹했다. 임진왜란과 정유재란으로 어쩔 수 없이 고국을 떠나 낯선 이국 땅에 삶의 뿌리를 내려야 했던 실향 민들도 전쟁의 또다른 피해자라 할 수 있다.

대구에서 성주로 가는 30번 국도를 따라 가다 성주대교를 건너면 선남 과 용암으로 갈라지는 삼거리가 나온다. 여기에서 용암으로 가는 67번 도 로를 타고 10분가량을 더 달리면 용암면 문명2리에 닿는다. 이 마을 사람들에겐 문명2리란 행정상 이름보다 대명마을이 더 익숙하다. 대명리는 야트막한 산속에 감춰져 있다. 도로에서 보면 마을이 잘 보이지 않을 정도로 산으로 둘러싸여 있는 곳이다. 산속에 마을이 자리잡은 데엔 나름의 사연이 있다.

20가구가 모여 사는 이 마을은 절강浙江 서徐씨 집성촌. 예전에는 절강浙江 시施씨들도 이 마을에 같이 살았지만 지금은 서씨들만 거주하고 있다. 시씨들은 성주 수륜면 마찔마을, 고령 꽃질마을 등으로 옮겨갔다. 두 성씨의 본관인 절강은 중국 동남부에 있는 저장성을 말한다. 그 뿌리를 중국에 두고 있는 절강 시씨와 서씨들이 가야산 자락인 성주 땅에 정착하게 된 데엔 정유재란이라는 역사적 소용돌이 때문이었다.

정유재란 무렵 조선을 구하기 위해 명나라에서 온 장사將士·將星들 중 유격중군 명촌明村 시문용(施文用 · 1572~1643)과 유격파총 명암明庵 서학(徐鶴 · 1566~1646)이 있었다. 두 사람 모두 중국 절강성 출신. 시문용과 서학은 전쟁이 끝난 후 명군이 철수할 때 부상으로 귀국하지 못하고 성주의 대명마을에 함께 정착하며, 조선에 귀화했다. 마을 이름도 그리워하는 고국을 떠올리며 대명大明이라고 했다. 임진왜란 때 두사충杜思忠이 자리를 잡았던 대구 대명동과 같은 셈이다. 시문용은 광해군 때 첨지중추부사僉知中樞府事에 오르고 의학 · 병법에도 조예가 깊어 많은 저서를 남기기도 했다. 정유재란 때 유격파총으로 원병援兵을 이끌고 우리나라에 온 서학은 여러 전투에서 공을 세웠다.

두 사람이 대명마을을 정착지로 고른 연유도 흥미롭다. 광해군 당시 지관으로도 활동한 시문용은 전국에 걸쳐 도피처를 찾다 피란 · 보신의 땅으로 대명마을을 골랐다. 협소하다는 결점은 있지만 피란지로는 적격이란

명 태조와 신종, 의종 황제의 기일을 적은 풍천재의 편액.

판단에서였다. 덕분에 병자호란을 일으킨 청 태종이 조선에 숨어살던 명의 유민들을 본국으로 압송할 때도 이 마을은 전혀 피해가 없었다. 그 후 시문용은 성주 수륜면 마쩔마을로 옮겨 집성촌을 이뤘다. 6·25때 인민군 수백명이 대명마을에 숨어 있었지만 미군기가 그들을 발견하지 못했다는 얘기도 있다.

서학의 13대손 서재용(79)씨의 안내를 받아 마을 뒤편에 있는 시문용, 서학 유허비부터 찾았다. 대나무숲 사이에 자리 잡은 유허비에는 고국을 그리워하는 두 사람의 마음이 배어있는 듯 세월의 흔적이 묻어 있다. 유허비 옆으로는 두 사람을 추모하는 풍천재風泉齋가 있다. 풍천재에는 명 태조와 신종, 의종 등 세 황제의 기일忌日을 적은 편액도 보인다. 암행어사로 유명한 박문수의 주청으로 시문용, 서학 두 사람에게 각각 이품의 작위가 내려졌고, 1834년에는 유림에서 풍천재를 세웠다. 유허비는 풍천재를 세운 이듬해에 세웠다는 게 서씨의 귀띔. 거무스레하게 퇴색한 풍천재의 마당에는 잡초만 무성하다.

대명마을 오른쪽 산기슭을 올라 능선을 따라 수백m를 가면 대명단大明壇
이 나온다. 시문용, 서학 두 사람이 산마루 명당 터에 단을 쌓고 고국 명나
라를 향해 사배를 올린 곳이다. 지금도 명나라 마지막 황제인 의종의 기일
과 임진왜란 당시 명의 황제인 신종의 기일인 음력 3월 19일과 7월 21일
에 시씨와 서씨 후손들이 대명단에 모여 사배를 올리고 있다. 정화수를 떠
놓고 북쪽을 향해 정성을 다해 사배를 올리는 것. 명이 망하고 청이 득세
한 이후 이 대명단에서 북망사배를 하며 시씨와 서씨들은 무슨 생각을 했
을까? 임진각에서 갈 수 없는 북녘 고향을 그리워하며 제사를 지내는 실
향민들의 심정과 별반 다르지 않았으리라. 뿌리를 확인하는 대명마을의
수백년 전통에 마음 한쪽이 숙연해진다.

대명마을에 정착했던 서학의 사위 역시 중국에서 건너온 석천石港이었
다. 여기에는 아름다운 이야기가 전해온다. 임진왜란이 일어나기 전 사신
을 수행, 명나라에 간 역관譯官 홍순언은 "삼천냥으로 미녀를 살 수 있다"
는 방을 보게 됐다. 홍 역관이 방을 붙인 여인을 만나 그 사연을 들어봤다.
용모가 아름다운,
유兪씨 성을 가진
그 여인은 명나라
예부시랑의 딸로
아버지가 간신의
모함으로 투옥되어
청루주인에게 1천
냥을 빌려 죽음은

시문용, 서학에 관한 기록이 적힌 유허비.

시문용 · 서학 후손들이 대명단 앞에 정화수를 떠놓고 북망사배를 올리는 모습.

유림에서 시문용과 서학을 추모하며 세운 풍천재와 서학의 13대 손인 서재용씨.

면했으나 2천냥이면 방면이 되므로 3천냥을 내걸었다는 것. 이에 홍 역관은 자신이 갖고 있던 1천냥의 어음과 일행의 돈 2천냥을 더해 아무런 조건없이 그녀에게 줬다. 귀국 후 홍 역관은 국비 손실 죄로 3년여 옥살이를 했다.

그 후 임진왜란이 일어나 명나라에 원병을 요청하러 가는 사신을 수행한 홍 역관은 어느 저택으로 안내됐고, 한 여인이 버선발로 뛰어나와 "아버님"이라고 부르며 반가워했다. 수년전 홍 역관이 3천냥을 건네줬던 바로 그 여인이었다. 홍 역관의 도움으로 가문이 회복된 그 여인은 병부상서 석성石星의 부인이 되었던 것. 유씨 부인과 남편인 석성의 도움으로 조선은 명나라로부터 원군을 받게 됐다. 하지만 명의 신종은 막대한 군비조달로 국운이 쇠하여진 책임을 석성에게 물어 투옥시켰고, 1599

년 그는 옥중에서 세상을 떠났다. 이렇게 되자 유씨 부인은 아들 두 명에게 조선으로 건너가라 했고, 큰 아들 석담石潭은 해주 석씨가 됐으며 둘째 아들 석천은 성주 땅 운수 꽃질에 터를 잡아 성주 석씨가 됐고 바로 서학의 사위가 됐다.

몇년 전 절강 시씨와 절강 서씨들은 직접 중국 저장성에 가 자신들의 혈족을 찾아 나서기도 했다. 중국에서 고위 관리인 시씨를 만나기도 했으나 그 이후에는 별다른 교류를 하지 않고 있다. 요즘 대명단과 풍천재에는 그 후손들 외엔 별달리 찾는 사람들이 없다. 우리나라를 찾아오는 중국 관광객을 유치할 수 있는 명소로 만들어보면 어떨까란 생각을 하며 대명마을을 빠져나왔다.

표범 · 호랑이 이야기
– "눈 오면 지름 15cm 발자국 어김없이 발견"

　•　•　•6 · 25가 끝나고 몇 년이 흐른 어느 날 성주군 금수면의
한 야산. 간간이 출몰하는 공비로부터 마을을 지키기 위해 의무경찰(일종
의 청원경찰)이 된 ㄱ씨는 일행과 함께 사냥을 하기 위해 산을 올랐다. 며칠
후 경찰 행사에 쓸 고깃거리를 마련하려고 꿩이나 토끼, 노루 등을 잡으러
가는 길이었다. 그의 손에는 엽총이 아닌 M1 소총이 들려 있었다. 마침 눈
이 온 뒤여서 곳곳에 짐승들의 발자국이 눈에 띄었다.

　얼마쯤 올라갔을까. ㄱ씨는 갑자기 온몸이 찌릿해지는 전율을 느꼈다.
40m 앞에서 커다란 짐승이 몸을 웅크린 채 자신을 노려보고 있었던 것.
몸 길이가 족히 2m가 넘는 표범이었다. 사냥을 하러 먼저 산에 올라간 사
람들을 피해 산을 내려오던 표범과 맞닥뜨렸다. 흥분을 가라앉힌 ㄱ씨는
표범을 향해 방아쇠를 당겼다. 탄환은 표범 대신 땅에 맞았고 놀란 표범은

공중으로 수m를 뛰어올랐다. 4발을 쐈지만 모두 빗나갔다. 방아쇠를 당기는 순간을 용케 알아챈 표범이 미리 뛰어올라 탄환을 피했다. 다급하게 탄환을 재장전한 ㄱ씨는 이번에는 연발사격을 했고, 탄환을 맞은 표범은 계곡으로 굴러 떨어졌다. 조심조심 계곡으로 내려간 ㄱ씨는 표범이 죽은 것을 확인했고, 일행들과 함께 표범을 메고 산을 내려왔다.

범 이야기 많은 가야산!

엽사 경력이 50년 된 배재의(71 · 성주군 대가면) 씨로부터 이야기를 들으면서도 선뜻 믿기지 않았다. '전설의 고향'에나 나올 법한 옛이야기를 듣는 느낌이었다. 흥미진진한 그의 이야기는 다시 이어졌다.

"표범을 잡자 그 아랫마을에 사는 사람들이 난리가 났지요. 보통 두 마리가 짝을 지어 다니는데 한 마리가 죽어버려 홀로 된 표범이 마을을 덮칠 것이란 두려움 때문이었어요. 해가 떨어지기도 전에 주민들은 방문을 걸어잠그고 꼼짝 못했고, 주민들의 요청으로 경찰들은 밤새 마을을 지켜줬지요." 다행히 아무 일도 일어나지 않았고, ㄱ씨는 며칠 후 대구 서문시장으로 죽은 표범을 끌고 와 팔았다. 표범을 사냥했던 ㄱ씨는 지난해 세상을 떠났다.

가야산에는 유달리 표범이나 호랑이와 관련된 이야기들이 많다. 성주군 백운리나 마수리 등에 사는 어르신들 중에는 표범, 또는 호랑이를 직접 봤다는 분들이 적지 않다. 1962년에는 가야산에서 표범 한 마리를 생포해 창

경원에서 기르기까지 했다는 기록도 있다.

법보사찰 해인사의 역사 등을 기록한 '해인사지 海印寺誌'에는 잣 따는 사람과 호랑이와의 재미있는 이야기가 실려 있다. "박대석 씨는 나무 타기를 잘하는 잣 수확 전문가다. 그는 중봉 밑에서 잣송이를 따다가 점심 식사

구름에 휩싸여 신비한 분위기를 물씬 풍기는 가야산. 신령한 땅인 가야산에는 유달리 호랑이와 표범에 관한 이야기들이 많다.

후 쉬는 시간에 바위 밑에서 귀여운 짐승새끼가 보여 아무 생각없이 볼에 대고 비비며 데리고 놀았는데 바위 위에서 갤갤 하는, 고양이과 동물들이 기분좋을 때 내는 소리가 들렸다. 주위를 둘러보니 바위 위에서 커다란 어미 호랑이가 내려다보고 있었다. 혼비백산하여 그는 잣 따는 도구도 팽개치고 해인사로 도망한 뒤 기절하였다. 그런데 밤을 지나고 보니 해인사 국사단 뜰에 그가 놓아두고 온 지게, 망태, 낫, 갈퀴 등과 운동화까지도 가지런히 놓여 있었다."

호랑이가 휴식을 취한 바위!

서봉래 전 가야산국립공원관리사무소 백운분소 소장과 심만권 가천면 신계리 이장도 어릴 적에 호랑이를 봤다고 증언을 하는 사람들이다. 서 소장이 아버지와 함께 호랑이를 본 곳은 가야산 용기골 백운2교에서 건들바위를 오르는 길에 있

가야산과 태백산을 오가던 호랑이가 앞발로 턱을 괴고 쉬었다는 옥계의 턱걸이 바위.

는 석간수가 나오는 절벽. 그는 "어릴적 해인사 뒤편으로 조릿대를 찌러 갔는데 실컷 놀고 나선 '호랑이를 봐 무서워 내려왔다'고 둘러대면 어른 들이 믿어줄 정도였다"고 했다. 또 심 이장은 밤이면 옥계 부근에서 번쩍 이는 동물의 눈을 자주 봤는데 어르신들의 말씀으로는 호랑이였다는 것이 다. 포천계곡으로도 불리는 옥계의 너럭바위 부근에서 하류로 200m를 내 려오면 '턱걸이 바위'도 호랑이와 얽힌 이야기를 갖고 있다. 심 이장은 "가야산과 태백산을 오가는 호랑이가 이 바위에서 앞발로 턱을 괴고 쉬어 턱걸이란 바위 이름이 붙었다"고 했다.

그렇다면 지금도 가야산에는 표범이나 호랑이가 살고 있을까? 다시 배 재의 씨의 얘기를 들어보자. "호랑이는 몰라도 표범은 아직도 가야산에 있다고 봐요. 가야산을 중심으로 덕유산, 금오산, 지리산 등 반경 300~400km를 영역으로 하는 표범이 살고 있습니다." 그 근거로 배씨는 표범으로 추정되는 고양이과 동물의 발자국을 매번 겨울이면 발견한다는 사실을 들었다. "요즘도 겨울이면 가야산에 오르는데 눈 위에 찍힌 지름 15cm 이상 되는 동물의 발자국을 어김없이 발견하곤 합니다. 살쾡이 경우 발자국의 크기가 4, 5cm 정도에 불과하지요. 이만한 크기의 발자국을 남길 수 있는 동물은 표범말고는 없어요."

엽사 경력이 50년 된 배재의 씨는 "눈에 찍힌 발자국으로 봐 아직도 가야산에는 표범이 살고 있다"고 얘기했다.

동물과 인간이 공존하는 땅!

64, 65년 무렵 배 씨는 표범을 잡기 위해 직접 가야산을 샅샅이 누빈 적도 있다. 표범의 이동 경로로 알려진 경남 거창군 가북면 개금마을이나 성주군 가천면 굴바위 부근에서 잠복을 했다. 표범을 잡는 데 성공하지 못했지만 표범의 실존에 대해 배씨는 강하게 확신했다.

"표범을 추적하던 중 얼마 전까지 머무르던 장소를 발견한 적도 있지요.

1947년 구미 금오산에서 덫에 걸려 죽은 표범.

수풀을 깔고 꼬리로 바닥을 치며 휴식을 취한 모양인데, 그 흔적으로 미뤄 2m를 넘는 큰 놈으로 보였지요." 노루의 일종인 대작이나 멧돼지 등을 숱하게 사냥한 배 씨는 "가야산은 큰 바람을 막아주고, 비가 적당하게 내리게 해 사람들에게 농사짓기에 좋은 터전을 마련해주고 있다"며 "표범과 같은 동물들에게도 살기에 더없이 좋은 곳"이라고 얘기했다.

호랑이나 표범은 우리 조상들에게 두려움의 대상인 동시에 존경의 대상이었다. 특히 호랑이 경우엔 산신으로 추앙받기도 했다. 배씨의 이야기를 다 듣고 멀리서 바라본 가야산! 호랑이와 표범과 같은 동물들과 인간이 서로 공존하며 살았던 그 옛날 가야산처럼 이 시대 인간들과 동물들과의 삶도 상생의 미덕이 가득하기를 바라는 마음 간절해졌다.

사라진 것들에 대한 아쉬움
—천창장과 가야산 옛길

•••이 세상에 존재하는 모든 것들은 '시간의 굴레'에서 벗어날 수 없다. 세월이 흐르면 '시간의 무덤' 속으로 걸어가야 하는 게 피할수 없는 숙명이다. 이 같은 연유로 시나브로 사람들로부터 사라져간 것, 잊혀져간 것들이 너무도 많다. 그 가운데 대표적인 것이 사람들의 정이 흘러넘치던 시골장과 삶의 흔적이 고스란히 깃든 산길이다. 도로와 자동차에 밀려 시골장과 산길은 추억의 뒤안길로 자취를 감췄다. 어쩔 수 없는일이라고 치부할 수 있지만 안타까운 일이기도 하다.

자연과 인간이 더불어 사는 지혜를 보여주는 가야산 자락에도 추억의존재가 된 시골장과 산길이 있다. 가천면 천창장과 코배이재, 불기재, 돌목재 등을 넘는 산길이다. 이곳을 돌아보면 사람 사는 멋과 정을 느끼는것은 물론 새삼스레 인생이 무엇인가를 성찰하게 된다.

민초들의 삶의 터전, 천창장!

1970년대 천창장의 건어물전 모습. 시골장 특유의 정이 흘러 넘친다.

성주군의 서쪽에 위치한 가천면伽泉面. 서남쪽에 위치한 가야산을 경계로 경상남도 합천군, 거창군과 접하고 있다. 또 서쪽으로는 김천시 증산면과 이웃하고 있다. 가천면은 가야산, 옥계 등 산과 계곡이 수려해 천혜의 경승지로 일찍부터 이름이 났다.

가천면 면소재지가 창천리倉泉里다. 마을 이름이 창천으로 정해지기까지에는 우여곡절이 있다. 원래 이곳은 천평(泉坪:샘바대)이라 불렸다. 샘이 있는 너른 들판이란 뜻. 실제 창천리는 가야산과 형제봉에서 뻗어내린 산능선과 계곡이 대가천에 유입되는 평지에 자리를 잡고 있다. 곳곳에서 지하수가 용솟음치는 모습도 확인할 수 있다.

천평은 18세기 초반에 천창泉倉으로 이름이 바뀌었다. 1715년(숙종 41년) 목사 윤헌주尹憲柱가 양곡을 보관하기 위해 천야창泉野倉을 세운 연유로 마을 이름을 천창이라 고쳐 부르게 된 것. 1914년 행정구역 개편 때에는 천창에서 창천으로 다시 이름이 바뀌었다. 천창이란 음이 일본어인 '센소戰

ℙ' 와 음이 같다고 해서 창천으로 고쳐 불렀다는 얘기가 있다. 일제에 의해 유서 깊은 마을 이름이 수난을 당한 셈이다.

이 창천리를 무대로 화개장과 더불어 경상도에서도 알아주던 시장인 '천창장(천평장)'이 번성했다. 그 역사가 무려 수백년에 이른다. 지금은 시장 터에 집이 들어서는 등 그 흔적조차 찾아보기 힘들지만 1960년대까지만 해도 천창장은 영화를 누렸다. 창천리에 사는 이동식(84), 한건호(79)씨로부터 천창장에 대한 생생한 이야기를 들어봤다.

"1일과 6일, 한달에 6번 가량 천창장이 열렸는데 정말로 대단했지요. 장날이면 성주 사람들은 물론 김천, 거창 사람들은 가야산을 넘어 장에 오고 대구와 합천, 고령에서도 사람들이 많이 몰려왔지요. 사람들이 워낙 많아 '뽀얗다'는 말이 딱 들어맞았어요. 장날에 주막에서 판 막걸리가 100말에 이를 정도였습니다." "대목을 앞둔 장날이면 사람들이 어깨를 부닥치며 지날 정도로 복잡했어요. 아는 사람을 만나면 막거리를 같이 나누며 안부를 물을 만큼 사람사는 정情도 넘쳤어요. 수십년이 흐른 지금도 사람들로 북적대던 천창장이 또렷하게 기억이 납니다."

천창장은 성주를 비롯한 경상도 중부지역 민초들의 생활에 큰 역할을 했다. 성주, 대구, 현풍, 합천, 거창, 김천 등지를 도는 부보상들의 중요 루트였던 것. 장날이면 사람들이 워낙 많아 '터져나갈 지경'이라는 표현이 들어맞았다. 또 천창장은 상거래 외에 장꾼을 통해 원근에 사는 친지 등의 소식을 묻고 전하는 통신수단이 되기도 했다. "천창장에 가면 세상 돌아가는 이야기를 다 들을 수 있었다"는 게 이, 한씨의 이구동성이다.

워낙 큰 시장이었던 만큼 천창장에서 팔고 사는 물품도 각양각색이었다. 요즘 유행하는 말로 "없는 것 빼고는 다 있었다"는 것. 우선 가야산 일대에서 나오는 목재를 이용한 쟁기 써레 베틀 물레 목기 나막신 광주리 짚신 멍석 삿갓 발 돗자리 등의 수공예품이 토산품으로 꼽혔다. 쌀 보리쌀과 같은 곡물류와 삼베 명주 등 직물류, 소 돼지 개 닭 등 축산류, 도라지 고사리 다래순 등 산채류, 옻 지피 등의 약재, 꿩 토끼 너구리 등 수렵물과 그 가죽류가 주로 팔렸다. 외지에서 온 장돌뱅이들로부터 사는 물품으로는 소금 조기 등의 해산물과 갓이나 망건, 의약품, 그릇류 등이 주류를 이뤘다. 또 대장간에서는 보습이나 괭이 등을 직접 만들었고, 한쪽에는 고령 등지에서 소몰이꾼들이 몰고온 소를 사고 파는 우시장도 사람들로 크게 북적댔다.

마음을 이어주던 가야산 옛길!

김옥문씨

성주에서 열리는 천창장에 오기 위해 합천, 거창, 김천 사람들은 가야산의 높은 고개를 넘어왔다. 해발 800m에 이르는 고개를 허이허이 넘어 도보로 장을 보러 온 것이다. 가야산 정상인 칠불봉을 기점으로 서북쪽으로 합천으로 가는 코배이재, 거창으로 가는 불기재, 김천으로 가는 돌목재가 각각 자리를 잡았다.

성주에서 합천으로 넘어가는 코배이재에서 바라본 가야산. 가운데에 있는 가야산 우두봉이 웅장한 자태를 뽐내고 있다.

가천면 신계리에 사는 김옥문(78·여)씨는 젊은 시절 이들 고개들을 수시로 넘나들었던 가야산 옛길의 산증인이다. "불기재 넘어 거창 개금마을에 친척이 살았지요. 새벽에 보리쌀을 삶아 놓고 고개를 넘어 친척 집에 도착하면 아직 아침을 안드셨어요. 고개를 넘는데 2시간도 안 걸린 셈이지요." 불기재 고갯길로는 소를 모는 소몰이꾼을 비롯해 거창과 성주를 오가는 사람들이 수없이 이용했다. 70평생을 가야산 자락에 산 김씨는 불기재 외에도 코배이재와 돌목재도 두루 넘었다. "예전에는 차도 없었고, 도로도 없었지요. 그렇다보니 가장 가까운 거리인 고갯길로 사람들이 많이

다닐 수밖에 없었어요. 사람들이 하도 많이 다녀 걷기에 불편하지 않을 정도로 길도 좋았어요."

세 고개의 이름도 재미가 있다. 코배이재는 고개를 오르려면 코를 땅에다 박을 정도로 가파르다고 해서 코배이재란 이름이 붙었다. 또 불기재는 아랫 마을인 불기마을에서 유래됐다. 이곳에는 철기시대의 꽃을 피운 풀뭇간이 있어 연장의 생산과 정비작업이 활발했다. 일부에서는 이 고개를 넘어가면 하루 만에 돌아오지 못한다고 해서 불귀재라고 부르기도 한다. 돌목재 경우엔 굳이 한자를 써서 '석항령石項嶺'이라고 하나 매우 잘못된 표현이라는 게 제수천 전 성주문화원장의 지적. 돌목재에는 돌이 없으며, 길이 가파르고 급해서 ㄹ자로 돌아가야 하기 때문에 돌목재란 이름이 붙었다는 것이다.

길은 인간과 함께 태어난 존재다. 그 길 위로 수많은 사람들이 오갔고, 그 길을 따라 마음과 마음이, 정과 정이 이어졌다. 그리고 굽이굽이 돌아가는 그 길은 삶의 애환으로 점철돼 있다. 길은 아무런 말이 없지만 그곳에는 고단한 인생사가 무수하게 박혀 있다.

한때 민초들의 삶의 터전이 됐던 가야산 산길은 숲이 우거져 지금은 등산객들이나 이용하는 오솔길이 되고 말았다. 그러나 가야산 산길에 사람들의 삶과 눈물, 땀이 차곡차곡 배어 있다는 것을 잊어서는 안 된다. 그 길에는 사람들 간의 정과 역사가 스며 있기 때문이다.

신령한 기운이 흘러 넘쳐 호랑이나 표범에 관한 이야기가 유달리 많은 가야산. '상생의 땅 가야산'에서 가야산 표범·호랑이 이야기를 따로 했으나 관련 사진을 못구해 아쉬움을 남겼다.

이동식씨

그러던 중 천창장을 취재하면서 만난 이동식 씨와 김종만(68·성주군 가천면·전 성주군의원) 씨를 통해 가야산 표범을 찍은 생생한 사진을 구하게 됐다. 이 사진은 1958년쯤 이씨가 성주군 금수면 영천동 지푼(깊은)계곡에서 덫을 놓아 잡은 표범을 대구에 내다팔기 위해 옮겨온 것을 김씨가 안고 찍은 사진이다. 사진 상태가 좋지는 않지만 가야산 표범의 생생한 모습을 확인할 수 있다. 표범은 수놈으로 추정되며 수놈이 죽자 암놈이 1주일씩 밤마다 주변을 맴돌며 울부짖어 주민들이 바깥출입을 삼가는 등 불안에 떨었다는 게 이씨와 김씨의 회고다.

가야산 지킴이

이상희 전 내무부 장관

"가야산은 민족의 명산입니다. 기암괴석과 계곡, 동식물의 보고寶庫일 뿐 아니라 나라의 기쁨이나 슬픔을 함께한 큰 산이지요. 임진왜란, 한일강제병탄, 광복 때 산이 울었다고 전해지는데 이는 산이 울었다기보다는 이곳에 사는 백성들의 마음이 그러했지 않았나 하는 생각입니다."

가야산 자락인 성주군 대가면 금산리에서 나고 자란 이상희(75·사진) 전 내무부 장관에겐 가야산에 대한 의미와 인연이 남다르다. 그는 "가야산은 우리 조상들에게 믿음을 주는 신앙의 대상이었으며, 정신적으로 큰 영향을 줬다"고 강조했다.

가야산에 대해 누구보다 많이 안다고 자부한다는 이 전 장관은 가야산을 대표하는 해인사쪽과 신계용사쪽을 비교해 가며 이야기를 풀어나갔다. "해인사쪽은 소나무가 많지만 반대편인 신계용사쪽은 잡목이 우거져 있어요. 해인사 계곡은 협소하고 유속이 급하고 빠르나 옥계(포천계곡)쪽은 구비가 완만하고 폭이 넓어 굽이쳐 도는 계곡이 장관입니다. 독용산성에 핀 흰진달래, 마수폭포의 돌감나무 군락…" 마치 눈에 잡힐 것처럼 가야산의 빼어난 풍경들을 펼쳐 놓았다.

이 전 장관은 어린시절(중2) 가야산에 얽힌 추억도 소개했다. 가야산 정상에서 소풍을 마치고 담임 선생님이 알아서 내려가라고 해 우두봉에서 성주쪽 마을을 보니 발아래 손에 잡힐 듯 가깝게 보였다는 것. 그래서 30분쯤 내려오자 아무것도 보이지 않고 결국엔 방향을 잃고 헤매게 됐다. 그러나 어린 마음에도 물이 아래로 흐른다는 계곡을 따라 내려오면서 목마름은 개울물로, 배고픔은 지천에 널려있는 벌똥나무(보리수) 열매로 해결했다. 지금의 아전촌 위쪽 마을로 내려오니 새벽 2, 3시쯤이었다는 얘기다. 또 고교 때는 선친과 코배이재를 넘나들었으며 또 가야산 해인사 암자에서 국가고시를 준비한 남다른 추억도 갖고 있다.

그는 "이젠 가야산을 대구 등 인근 도시의 등산객이나 관광객들이 많이 찾는 곳으로 만들어야 한다"고 했다. 이를 위해 200~300년 전쯤으로 되돌리는 산의 생태복원 작업을 서두르자는 것이다. 소나무를 많이 심어 솔바람 소리를 되살리고, 살구 매화 등 꽃나무를 심어 맑고 청명한 개울물에 복사꽃잎이 떠내려오게 하자고 했다. "아마 10년 정도면 훼손된 자연을 살리기엔 충분한 시간"이라고 설명했다. 또 무조건식 개발 통제보다는 일정한 범위 안에서 개발토록 해 사람이 살고 찾아오도록 해야 할 것이라고 덧붙였다.

"가야산을 성주 · 합천 등 인접한 주민들만의 산이 아니라 대구 · 경북 나아가서는 대한민국의 명산으로 만들어가야 합니다. 자원의 보고이며 문화 · 생활이 살아 숨쉬는 가야산을 제대로 활용할 수 있도록 모든 사람들이 힘을 합쳐야 합니다."

가야산을 내려오며
—달빛에 물든 가야산, 세상에 상생을 비추다

새삼 그 말씀에 고개를 끄덕이게 됩니다. 매일신문이 창간 61주년 특집으로 마련한 '상생의 땅 가야산' 연재를 시작한 것이 엊그제 같은데, 벌써 마지막회를 쓰기 위해 이렇게 노트북을 펼치게 됐습니다. 50회에 이르는 긴 시리즈를 끝내게 돼 시원한 마음도 들지만 한편으로는 '정들었던 애인' (가야산)을 떠나보내는 것 같아 아쉽고 섭섭한 마음도 듭니다.

'상생의 땅 가야산' 연재를 시작하면서 처음에 가졌던 막막한 심정이 불현듯 다시 떠오릅니다. 산 하나를 갖고 1년이란 긴 시간에 걸쳐 시리즈를 이끌어가야 한다는 사실에 솔직하게 걱정이 앞섰지요. 이제 그 끝자락에 서니 가야산이 가진 실체를 얼마나 독자들에게 잘 전해드렸는가에 대한 두려움과 걱정이 밀려옵니다. 조금 극단적으로 말씀드리면 가야산의 실체를 10분의 1, 아니 100분의 1도 전해드리지 못했다는 자괴감이 앞섭니다. 수억년의 세월을 간직한 가야산을 1년이란 짧은 시간에 조망한다는 것이 애당초 불가능한 작업이란 변명도 해봅니다. 미처 건드리지 못했거나 소개하지 못했던 가야산의 다른 부분들은 다른 분들에게 맡기려 합니다.

글도 짧고 산 사진 전문가도 아닌, 모든 면에서 부족한 가야산 취재팀이 '상생의 땅 가야산'을 무난하게 끝낼 수 있었던 데에는 독자 여러분들의 관심과 질책이 가장 큰 밑바탕이 됐습니다. 기사가 나갈 때마다 "산맥의 이름이 잘못됐다" "야생화 이름이 틀린 것 같다" "계곡 이름이 유래된 설명이 잘못됐다" "만수동의 위치가 이상한 것 같다"는 등 질정을 많이 해주셨지요. 또 "어디에서 보는 가야산의 모습이 정말 아름답다" "가야산의 이런 부분을 연재해달라"는 등의 말씀도 이어졌습니다.

엎드려 말씀드리면 잘못된 부분들은 저희 취재팀의 지식이 짧거나 많은 자료를 제대로 검토하지 못한 탓이고, 독자들의 기대에 제대로 부응하지 못한 것은 취재팀의 애살과 노력의 부족이라고 깊이 자인합니다.

'상생의 땅 가야산'의 마지막 출장날, 가야산은 흰 구름에 가려 있습니다. 장마 탓에 가까이 가더라도 산이 보이지 않을 정도로 구름이 잔뜩 끼었군요. 하지만 구름 속에 모습을 숨긴 가야산은 더욱 신비로운 존재로 다가옵니다. 구름 낀 가야산을 내려가며 가야산은 어떤 산이며, 21세기를 사는 우리들에게 어떤 가르침을 주는가를 다시 한번 생각해 봅니다.

꼭 1년 전 가야산 취재팀은 이 시리즈를 시작하면서 가야산이 주는 가르침을 상생相生이란 화두로 풀었습니다. 하늘신 '이비하'와 가야산 여신인 '정견모주'의 화합으로 대가야와 금관가야를 연 땅이 바로 가야산입니다. 또 가야산은 그 넉넉한 산세와 후덕한 기품으로 불교와 유교는 물론 풍수지

어스레한 저녁 무렵 가야산 만물상에 올랐습니다. 천지에 구름이 깔린 가운데 휘영청 달이 떠오릅니다. 가야산과 구름, 그리고 달이 서로 어우러져 신비한 풍경을 선사합니다. 저멀리 구름 사이로 대구 앞산도 희미하게 보입니다. 사람들이 사는 세상도 이 가야산처럼 평화가 가득하기를 기원해 봅니다.

리, 산악 · 무속신앙의 성지聖地 역할을 했지요. 서로 교류하고 융합하는 상생의 덕을 가야산은 몸소 보여줬습니다. 그렇기에 사람들은 가야산을 통해 자연과 인간, 인간과 인간이 더불어 사는 삶의 지혜를 배울 수 있습니다.

　구름 속으로 점점 사라져가는 가야산을 돌아보며 '상생' 의 덕이 언제쯤 이 세상에 튼실하게 뿌리를 내리고, 꽃을 피우고, 그리고 열매를 맺을지 생각해 봅니다. 1년 전 연재를 시작할 때에 비해 지금의 세상은 상생보다는 오히려 상극相剋이 판을 치고 있습니다. 세상사는 갈수록 혼탁스럽고 서로를 물어뜯는 데에 열을 올리고 있지요. 참으로 안타깝습니다.

가야산은 비록 말이 없지만 '침묵의 사자후獅子吼'로 사람들에게 분명한 가르침을 던져주고 있습니다. 더불어 사는 상생의 세상을 만들라고…. 이 글을 읽으시는 독자 여러분들의 마음에도 상생의 덕이 가득하시기를 빕니다. 진심으로 고맙습니다.

↑ 김천

백마산
715m

벽진면

용암리

외기리

봉학리

염속산
870m

후평리

금수면

어은리

매수리

30

송화주말관광농원

구강재

봉두리

광산리

금수문화
예술마을

도장골산

명천

배바위(제3곡)

30

무학리

성주댐

중산리

동강 김우옹신도비

1

옥화리

30

영천리

무흘4곡(선비위)

독용산
955m

독용산

영모재

도남리

33

독용산성

59

← 무주

무흘5곡(사인암)

금봉리

석조비로자나불좌상

가천중·고

창천리

59

형제봉
1022m

단종태실지

903

화죽리

성주국제하키경기장

수성리

회연서원

무흘

포천계곡

법전리

동원리

가천면

용사리

신계리

봉양리

33

903

만귀정

미수리

두리봉

가야산국립공원

적송리

수륜중

신파리

성리

칠불봉

우두봉

가야산
1433m

59

가야산성

백운리마애여래입상

용기사지

식물원

백운리
가야산
호텔

법수사지
3층석탑

심원사

군민화합관광

백운리
농촌체험마을

↑ 김천

범례 Legends

🅥 계곡 / Valley
🅟 폭포 / Falls
🈐 사찰 / Temple
🅐 산 / Mountain

중부내륙고속도로
국 도
국지도
지방도

컨트리클럽

소성리
용회사
영암산
선석산 742m
원불교 성주성지
용봉리
소성저수지
선석사
초전면
월곡리
성주휴게소(하행선)
-예정지-
택
세종대왕자태실
성주휴게소(상행선)
-예정지-
봉정리
어산리
인촌리
16
월곡지
고산리
동포리
초전중학교
5
수죽리
백세각
대정리
장산리
자양리
월항농공단지
월항면
추원당
문덕리
칠선리
보암리
4
운정리
용성리
성주고등학교
학산리
유월리
덕암서원
석곡서원지
905
금산리
예산리
월항지방공업단지
유월협업단지
33 → 왜관
월회당
기암리
용산리
성주중학교
성주읍
안포리
월항초교
감응사
도고산
백인당
백전리
성주향교
대산리
영취산
문방리
도산서당
해동청풍비
30
용흥리
참외생태학습원
청사도서관
동방사지7층석탑
한개마을
용신리
옥성리
성산관
심산기념관
삼산리
삼봉서당
용신현업단지
쌍충사적비
군영
성주문화예술회관
대흥리
문방협업단지
선남면
오도리
성주
I.C
성밖숲
경산리
성주농공단지
성산고분군
선남초교
도흥리
옥성리 의열각
칠봉리
신부리
권화리
7
심산 김창숙생가
대황리
성산
성산산성지
도원초교
도성리
박구효자정려비
아트랜드
청천서당
14
취곡리
동암리
소학리
명인종·고
칠봉산 516m
죽리리
성산청소년수련원
장학리
유서리
18
선남농공단지
성주대교
중거리
명포리
문명리
운산리
선원리
대구 →
905
용암면
마월리
남성주휴게소(상행선)
후포평야
6
게상리
상언리
기신리
명주짜기, 무명짜기
남성주휴게소(하행선)
상신리
본리
용암교
동락리
민화마을
작은지
대봉리
두리실
용암중학교
6
태종태실지
남성주
I.C
사곡리
덕명리
오천리
사창서당
작은리
보월리
용정리
선송리
보월리 3층석탑
남은리
905
정리
33
67
용계리

↓ 고령

相生의 땅
가야산

지은이　　매일신문 '상생의 땅 가야산' 특별취재팀
펴낸이　　장인행

초판인쇄　2008년 8월 15일
초판발행　2008년 8월 28일

펴낸곳　　깊은솔
주　소　　서울특별시 종로구 구기동 85-9번지 인왕B/D 301호
전　화　　02.396.1044(대표) / 02.396.1045(팩스)
등　록　　제1-2904호(2001. 8. 31)

ⓒ 매일신문, 2008

ISBN 978-89-89917-25-0 03900

값 18,000원